괜찮은 오늘을
기록하고 싶어서

안녕하세요. 기록하는 사람, 빵이입니다.

수년간 매일의 기록을 SNS에 공유하고, 기록하는 틀을 사람들에게 제공하면서 '왜 기록하느냐'라는 질문을 참 많이 받았어요. 그때마다 그냥 떠올랐던 생각을 답했던 것 같아요. '재미있으니까', '좋은 습관을 가지려고', '계획대로 살면 좋잖아', 'MBTI가 J거든', '남는 건 기록밖에 없어' 등등. 그러다 문득 제가 저에게 궁금해지더라고요. 나는 왜 기록하는지 말이에요. 그리고 이제야 그 답을 찾았습니다.

"나를 제대로 사랑하기 위해서"

단순하게 내 모습을 좋아하는 게 아니라, '나의 솔직하고 정제되지 않은 모습을 사랑하기 위해서' 기록합니다. 사람은 종종 자신이 되고 싶은 모습과 진짜 자기 자신을 헷갈리는데, 거기서부터 시작된 괴리감이 매일의 일상, 인간관계, 그리고 자기 관리에까지 영향을 미치게 되더라고요.

기록은 있는 그대로의 나를 제대로 사랑하기에 가장 좋은 방법 중 하나예요. '내가 이런 사람인 줄 알았는데 아니었구나', '이때 나는 이렇게 느꼈었구나', '내가 원하는 건 이거였는데 실제로 나는 저렇게 했구나', '나에게 정말 필요한 건 무엇일까', '내 진짜 마음은 무엇일까' 나와 관련된 수많은 질문에 대한 답을 밖이 아닌, 내 안에서 찾을 수 있는 실마리가 되어줍니다.

내가 하지 '않은' 게 아니라 어쩌면 하지 '못했던' 것이라는 사실을 깨닫기도 하고, 괜찮은 줄 알았는데 전혀 괜찮지 않았다는 것을 알게 되기도 해요. 쏜살같이 흘러가는 일상에서 나를 둘러싼 사소한 것들의 의미를 발견하고, 애정을 품는 계기가 되기도 합니다.

그러니 처음부터 그럴싸한 무언가를 남기고 싶어서 일

기를 쓴 건 아니에요. 꿈, 열정, 스스로에 대한 기대, 실망, 벅차올랐던 마음, 행복한 추억…… 이런 수많은 것들이 고스란히 기록으로 남겨졌어요. 제가 애써 남기고 싶었던 것이 아니라, 자연스럽게 남겨진 게 기록이었던 거죠.

기록이 아니어도 나를 사랑하는 방법은 많아요. 주변의 한 친구는 매일 숨 가쁘게 사는 것 같아 명상을 시작했대요. 숨을 크게 들이쉬고 내쉬면서 온전히 편안한 시간을 보내는 게 도움이 된다고 하더라고요. 다른 친구는 필라테스를 하고 있어요. 더 이상 다리가 안 찢어질 것 같은데, 몸이 안 움직일 것 같은데, 이제는 한계라고 느끼는 그 순간에 동작이 성공하면 가슴에서부터 손끝과 발끝까지 새로운 감각이 느껴진대요.

나를 사랑하는 방법이 반드시 기록일 필요는 없어요. 자신에게 맞는 방법을 찾으면 돼요. 다만, 기록은 종이와 펜만 있으면, 스마트폰만 있으면 언제 어디서든 시작할 수 있으니 왠지 한 번쯤 도전해보고 싶은 일, 아닐까요?

기록하며 삶이 완전히 새로워지지는 않았지만, 점진적으로 바뀌고 있다는 걸 느껴요. 나라는 사람, 내가 선택한 삶, 내가 걸어가는 길에 조금씩 변화가 생겨나는 중이죠. 나 자신을 똑바로 마주하고 제대로 이해하면서 스스로를 조금 더 사랑하게 되었고요. 지금 돌아보는 것과 일 년 후의 나를 돌아보는 것, 10년 후에 돌아보는 것은 완전히 다를 거예요. 기록이 그걸 증명해줄 거고요. 기록은 내가 걸어온 길에 남겨진 흔적이니까요.

　이 책에는 저만의 기록 노하우를 담았습니다. 언제 쓰면 좋은지, 쓰기에 어렵지 않은지, 아침과 밤 그리고 난이도를 함께 표시했으니 도움이 될 거예요. 기록 초보자든, 이미 수년째 기록을 해온 기록의 달인이든, 저의 방식을 참고로 나만의 기록을 남겨보길 바라요. 매 순간 나를 사랑하기 위해 기록하면, 그 기록하는 행위가 나를 행복하게 해줄 겁니다.
　그럼, 지금부터 나를 아끼고 사랑하는 일을 저와 함께 해보지 않을래요?

2024.3

빵이

차례

CHAPTER 2 기록이 뒤미가 된다면

CHAPTER 3 어디에 기록해야 하나요

CHAPTER 4 기록 습관을 기르고 싶다면

초보 기록인을 위한 플로차트

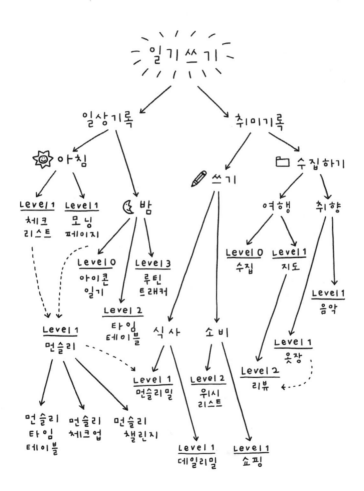

처음 기록을 시작했다면, '무엇을 써야 하지?'라는 생각이 들 수 있어요. 뭘 써야 할지, 내가 뭘 쓰고 싶은 건지 모르는 경우가 많습니다. SNS를 돌아보며 다른 사람들의 일기 방식을 따라 쓰기도 하고, 어릴 때 했던 것처럼 하루를 요약해보기도 해요. '아침엔 무얼 했고, 오후엔 어디를 갔고, 뭐 때문에 기분이 좋았다' 이렇게 하루를 나열하는 일기를 쓰기도 합니다.

기록은 정형화되어 있지 않아 반드시 어떤 규칙을 따라야만 '기록'인 것이 아닌데도, 괜히 잘하고 싶은 마음 때문에 시작이 참 어렵습니다. 인터넷에 '다이어리', '불릿저널' 등을 검색하면 예쁘고 화려하게 꾸며진 일기장

들이 주르륵 등장해요. '와, 어떻게 이렇게 쓸 수 있을까?'
라는 생각이 드는 멋진 페이지들이죠. 하지만 누구나 처
음부터 그렇게 쓸 수는 없어요. 기록을 오랫동안 해온 게
아니라면 며칠 가지 않을 거예요. 거창하게 시작하면 작
심삼일로 끝나는 경우가 많으니까요.

　기록 초보라면 아주 사소하고 간단한 것으로 시작하
는 게 좋아요. '이게 기록이라고?' 하는 생각이 들 만큼 평
범한 것으로 말이에요. 이를테면 '오늘 먹은 음식, 오늘
의 요약 한 줄, 오늘 하루를 대표하는 세 가지 사건, 오늘
의 키워드' 같은 걸로 시작해보세요.
　'체크리스트'는 가장 부담스럽지 않고 쓰기에 간단한
기록 중 하나예요. 내용이 적어 여백이 많이 남아도 괜찮
아요. 쓰다 보면 쓰고 싶은 것이 생기고 쓰는 것에 점차
익숙해질 거예요. 뒤에서 소개할 피자 차트로 일주일 동
안 두 페이지 정도만 채워보는 것도 좋아요.
　우리가 매년 다짐하는 일기 쓰기도 마찬가지예요. 줄
글로 연이어 쓰는 게 어렵다면 몇 가지 대표할 수 있는
단어를 연결해 적어도 괜찮아요. 오늘 하루의 키워드를

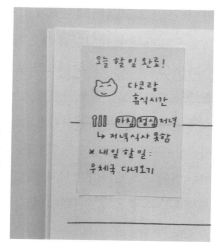

✎ '기록'에는 규칙 같은 건 없어요. 줄 글일 필요도 없고, 화려하지 않아도 돼요. 작은 메모지에 오늘 할 일만 적어도 '기록'이 됩니다.

적어 보는 거예요. 토막 난 문장도 괜찮고요. 어디에 써야 할지 모르겠다면 접착식 메모지도 충분해요.

중요한 건 지금 내가 관심 있는 게 무엇인지 아는 것이에요. 그리고 그것이 기록할 만한 것인지 한번 생각해 보세요. 예를 들어 지금 내가 수영에 푹 빠져 있다면, 매일 얼마큼 수영을 했는지, 수영하고 나서 배운 점과 느낀 점을 적어 보는 거죠. 카페에 가는 걸 좋아하거나 친구들과 맛집을 찾아다니는 편이라면 다녀온 식당의 이름과 리뷰를 적어보세요. 인스타그램에 사진과 함께 남긴다면 나만의 식사 기록이 되는 거예요.

물론 내가 관심이 있다고 해도 딱히 기록할 만한 게 아닐 수 있어요. 매주 주말 예능 프로그램을 시청하는 걸 좋아하는데, 감상을 적을 만한 내용이 아닐 수 있거든요. 쇼핑을 좋아하더라도 위시리스트를 정리하는 건 개인적으로 흥미롭지 않을 수도 있고요. 그러므로 내가 좋아하는 것이 기록할 만한 것인지, 어떻게 기록해야 재미있게 지속할 수 있을지 고민해야 해요.

그래도 어렵게 느껴진다면, '일단' 기록해보세요. 기록하다 보면 알게 될 거예요. 아무 의미 없는 것으로 판명될 수도 있고, 쓰기를 잘했다는 생각이 들 수도 있어요. 그러니 쉽고 재미있는 것부터 시작해보는 거예요. 아주 사소한 것도 좋으니 '시작하는 것'이 중요합니다. 어디를 향하든 한 걸음 발을 내디뎌야 어디든 갈 수 있는 것처럼, 기록하는 데에도 한 걸음 나아가야 할 필요가 있어요.

기록이 어렵지 않다는 것, 그리고 재미있다는 것을 알게 되면 그다음부터는 자연스럽게 적을 것들이 떠오를 거예요. 쓰는 방법도 다양해질 거고요.

　이 책을 읽기에 앞서 '기록인'으로 거듭나는 첫 단계는 '일단 쓰기', 두 번째는 '가장 쉬운 것 기록하기'라는 거 명심하세요!

Chapter 1

오늘도 나라는 책을 씁니다

"야, 성적 잘 받으려면 공부해. 살 빼려면 운동해. 대화하려면? 노력해. 원래 방법은 뻔해. 해내는 게 어렵지."

ENA 드라마 〈이상한 변호사 우영우〉에서 주인공 우영우의 아버지가 한 말입니다. 무엇을 이루기 위해서는 과정이 꼭 필요합니다. 지금의 나도 매 순간의 과정을 통해 이르게 된 것이지, 목적한 바를 순식간에 이루어낸 것이 아니니까요. 내가 어떤 과정을 지나왔는지, 혹은 지금 내가 지나고 있는 이 과정이 무엇인지를 아는 사람은 앞으로도 계속해서 원하는 방향으로 나아갈 수 있습니다.

저는 기록이라는 행위를 통해 하루를 정리하고, 새로

운 목표를 정하고, 도전하고, 돌아보며 가장 나다운 모습을 찾고, 내가 원하는 모습과 실제 나의 간극을 줄여나가는 방법을 찾고 있어요.

여기서 '찾는다'라는 건 숨은그림찾기처럼 기록을 통해 깊숙한 곳에 숨어 있는 나를 찾아가는 것을 의미해요. 종이 위에 적힌 것을 통해 생각만으로는 몰랐던, 하루하루 지내며 미처 깨닫지 못했던 것들을 발견하는 것이지요. 제가 기록을 시작한 이유이기도 하고요. 기록이 나를 알고 내 삶을 스스로 주도해 나가는 과정을 도와줄 거예요.

그래서 일기를 쓴다는 건 '나'라는 책을 쓰는 것이라고 생각해요. 매일의 일기는 그 책에 수록된 페이지고, 다양한 기록은 이야기에 재미를 더해주는 요소인 거죠. 그렇다면 '나'라는 책을 펼쳐보면 어떤 이야기가 담겨 있을까요? 첫 시작이 되는 자기 관리를 위한 기록부터 한번 살펴볼까요?

(Checklist) 오늘 할 일

아침에 일어나면 가장 먼저 무엇을 하나요? 저는 일단 기지개를 한 번 켜고, 이부자리를 정리하고, 물을 한 잔 마셔요. 그다음 창문을 열어 환기하고 간단하게 방 청소를 합니다. 그렇게 아침 식사까지 마치면 저의 아침 루틴은 마무리돼요.

그 이후에는 그날그날 해야 할 일들을 하는데요, 여러분도 아마 각자 주어진 일과가 있겠지요. 오늘 처리해야 할 업무나 마쳐야 할 공부가 있을 수도 있고, 오랜만에 친구를 만나러 외출하거나, 강아지와 산책하거나, 어제 결제하려다 까먹은 식재료를 주문해야 할 수도 있겠습니다.

그런데 꼭 식재료 주문처럼 한두 가지씩은 까먹거나 하지 못하는 일들이 있지는 않나요? '아차' 하는 순간 까먹고, '잠깐' 하는 사이 미뤄지는 하루의 일과들. 저는 그래서 '오늘의 체크리스트'를 활용합니다.

체크리스트는 우리말로 하면 '할 일 목록'인데, 택배 수령 같은 사소한 일부터 친구와의 약속, 회의, 업무 마감 등 그날그날 해야 하는 일들을 놓치지 않게 알림 역할을 해줍니다. 또 틈틈이 작성한 목록을 즉각적으로 처리

2024, Jan 8
weather : -4°
☺ Haesol

☑ Haesol 📍 Plop
☑ Logo stamp making
☑ House cleaning day 🖋
☑ Laundry 👕
🔲 Order cookie dough
🔲 Project plan 📄
☑ 📍 Daiso

✎ 체크리스트는 오늘 해야 하는 일을 한눈에 확인할 수 있어서 쉽게 잊어버리지 않아요.

할 수도 있고, 할 일의 우선순위를 정하는 데에도 도움이 됩니다. 해야 하는 일과 하고 싶은 일, 시간이 오래 걸리는 일과 단순한 일 사이에서 어떤 순서로 일을 처리하는 게 최선인지 두 눈으로 확인할 수 있어요. 무엇보다 해야 할 일들을 글로 적으면 뇌에 각인되어 쉽게 잊어버리지 않게 되죠.

머릿속에만 있던 것들을 눈으로 보는 건 전혀 다르답니다. 내 안에 있던 것을 말로 꺼내는 과정에서 생각이 소화되는 것처럼, 눈으로 보고 순서를 매기는 일은 제자리에서 앞으로 한 발 내딛는 것과 같아요.

그럼, 이제 아무 노트든 좋으니 오늘 날짜와 해야 할 일들을 차례대로 적어볼까요? 꼭 시간 순서대로 적지 않아도 괜찮아요. 네모나 동그라미를 그려 체크박스를 만들고, 그 옆에 한 줄로 간단하게 적어보세요. '□ 이달

3 Jan, Wednesday
□ 이달의 목표 정하기
□ 장보기

의 목표 정하기', '□ 장보기' 이런 식으로요.

체크리스트를 처음 쓸 때는 이런저런 항목들을 모두 집어넣는 경우가 많아요. 평소에 잘 하지 않던 운동이나 꾸준한 노력이 필요한 습관도 일단 넣게 되죠. 하지만 처음부터 너무 많은 리스트를 만드는 건 좋지 않아요. 도전이 필요한 항목은 무리가 될 수 있어요. 작심삼일에 그치지 않으려면 현재의 일상에서 크게 벗어나지 않는 것부터 시작하는 게 좋습니다.

평소에 하는 일들을 큼직큼직하게 나누어보세요. 아침/점심/저녁 시간대에 따라 해야 할 일, 집/회사(학교) 등 특정 장소에서 해야 하는 일, 혹은 업무/취미 등의 카테고리로도 나눌 수 있어요.

그런 다음 청소하기, 산책하기, 책 읽기, 서류 보내기, 친구 만나기 등 내용을 채워 보세요. '늦잠 자지 않기'나 '일찍 일어나기'처럼 기준이 불분명한 항목은 지키기 어려우니 '늦잠 자지 않기' 대신 '아침 7시에 일어나기', '공부하기' 대신 '2시간 공부하기'와 같이 구체적이고 명확하게 작성해주세요. 얼마나 사소한 것까지 적어야 하나 고민이 들 수도 있지만, 쓰다 보면 나만의 기준이 생기고, 나에게 필요한 항목이 무엇인지 알게 됩니다.

체크리스트를 구성하는 방법은 다양해요. 우선 날짜는 기본 중의 기본! 체크박스는 네모나 동그라미 모양으로 그릴 수도 있고, 사선을 하나 그었다가 일을 완료하면 반대 방향으로 사선을 그어 엑스(×) 자를 만들 수도 있습니다. 체크박스 없이 글자만 썼다가 글자 위에 선을 쭉 그어 완료했음을 표시할 수도 있고요. 나에게 가장 쉬운 방식으로 만들면 됩니다.

저는 네모 모양을 많이 사용해요. 가끔 변화를 주고 싶은 날에는 동그라미나 불릿bullet(목록 앞에 주로 사용하는 가운뎃점)으로 그리기도 하지만, 네모난 노트에는 같은 네모가 가장 잘 어울리더라고요. 대충 그려도 체크박스 같고, 네모 칸에 체크 표시를 하거나, 색칠하는 등 여

☐ ——————— ☑ ———————

○ ——————— ● ———————

／ ——————— ✕ ———————

✎ 한 일과 하지 못한 일을 구분하기 위한 나만의 표시법을 만들어보세요.

러 방법으로 완료했음을 나타내도 네모 모양에서는 유
독 잘 보인다는 것이 장점이에요.

　이렇듯 체크박스에 표시하는 방법에도 나만의 규칙
을 만들 수 있습니다. 간단한 규칙으로 완료와 미완료 구
분 이상의 섬세한 목록을 만들 수 있죠. 저는 √는 완료,
―은 연기, ✕는 취소, 공백은 진행 중으로 표시합니다.
단순히 했다, 안 했다를 점검하는 것으로 끝내지 않고,
다음날까지 할 일을 끌고 갈 수도 있어요. 다른 사람들이
쉽게 알아보지 못하는 나만의 표시 규칙을 만드는 것도
참 재미있답니다.

　☑ 완료　　　□ 진행중
　⊟ 연기됨　　■ 중요
　☒ 취소

　그럼, 이 체크리스트는 언제 만드느냐? 바로 아침입
니다. 하루를 본격적으로 시작하기 전, 아침에 일어나 가
장 먼저 체크리스트부터 만드는 걸 추천해요. 아침에 체
크리스트를 만들면 자연스럽게 오늘의 일정을 확인하

고, 해야 할 일을 정리하고, 대략적으로 시간을 분배할 수 있어요. 아침잠이 많아 시간이 부족하다면 전날 밤에 미리 써도 괜찮아요.

'오늘은 이걸 해야 하니까 이때는 무엇을 하고 그다음엔 무엇을 하겠다'와 같이 너무 세세한 계획이 아니라, 오늘은 이것을 해야겠다는 가벼운 목표 정도면 충분해요. '오늘은 아침에 자전거를 타야겠다'처럼요.

체크리스트를 쓰는 건 해야 할 일을 까먹지 않게 하는 것 이상으로 시간을 계획하고 분배하는 데 도움을 줍니다. 성격유형검사 MBTI에서는 계획을 세우는 사람을 '파워 J'라고 부르더라고요. 네, 맞아요. 저도 J랍니다. 물론 J라고 해서 체크리스트를 더 잘 쓰고 잘 지키는 것은 아니에요. 누구든 할 수 있습니다.

우선 체크리스트를 매일 쓰려면 손에 익어야 하고, 두 번째로 재미있어야 하며, 세 번째로 귀찮지 않아야 해요. 작심삼일이 되는 이유에는 여러 가지가 있지만, 귀찮음을 이겨내고 해낼 만큼의 재미나 가치를 느끼지 못하는 것도 이유 중 하나가 되거든요. 하고 싶지만 쓰는 힘이 없으면 금세 미뤄버리게 되기도 하고요.

　그러니 처음부터 너무 많은 항목을 만들거나, 평소에 하지 않는 고난도의 일을 해내려고 하지 않는 것이 중요해요. 꾸준히 기록해본 적이 없는 사람은 그럴듯한 리스트를 만들다가 금방 귀찮음이 몰려오고 말 거예요.

　저는 잠자리에 눕기 전 체크리스트를 점검합니다. 완료한 항목을 체크하고, 하지 못한 항목을 다음 날로 넘기며 하루 일과의 완성도를 확인하는 거죠.

　이건 제가 쓰는 방법인데, 기다란 막대를 그리고 완성한 비율만큼 색칠합니다. 어떤 날에는 체크리스트를 얼마나 완료했는지를 나타내고, 어떨 때는 계획 실행에 대한 나의 만족도를 나타내기도 해요. 생각만큼 할 일을 다 마치지 못해 아쉬운 날에는 완료하지 못한 일이 더 많아도 할 일을 하면서 즐거웠다면 높은 퍼센트를 기록하기도 합니다.

　막대그래프는 그날그날 기준에 따라 어떤 것도 될 수

0　　　　　　　　　　　　　100

있어요. 일의 완성도든, 만족도든 말이죠. 막대그래프가 100으로 가득 채워질 때의 뿌듯함은 이루 말할 수 없으니 꼭 해보길 바랍니다.

체크리스트는 인생이라는 낯선 길을 조금이라도 수월하게 달리기 위한 가이드라고 생각해요. 기록하고 계획한다고 해서 양옆이 낭떠러지인 울퉁불퉁한 길이 갑자기 포장도로로 연결되거나 운전하던 차가 자율주행 자동차로 바뀌는 건 아니에요. 그렇지만 그 기록이 낭떠러지로 떨어지지 않도록 막아주는 가드레일이 되어주지 않을까요? 삶을 안정적으로 운전하기란 누구나 쉽지 않으니까요.

저는 기록은 다른 말로 하면 '나아감'이 아닐까 싶어요. 일정 정리에서 습관 형성으로, 습관 형성에서 도전으로. 쓰는 행위를 통해 나 자신을 돌아보고, 확인하고, 격려하고, 이끌어가는 과정인 거죠. 매일 크게 다른 것들을 하지 않아도 체크리스트를 만들고 확인하는 것만으로도 스스로를 충분히 관리할 수 있어요. 꼭 세세하게 기록하고 체크하는 것만이 정답은 아니니까요.

매일 내 생각과 감정을 살피며 기록하는 일기가 힘들다면, 체크리스트로 하루의 마침표를 찍어보세요. 무심코 흘려보내지 않은 일들로 하루가 가득 채워지게 될 겁니다.

리스트 만들기가 어렵다면 마인드맵부터 그려보아요

그래도 체크리스트를 어떻게 써야 할지 모르겠다면, 마인드맵을 그려보세요. 할 일을 애써 찾아내지 않아도 자연스럽게 체크리스트를 쓸 수 있게 될 거예요.

제가 했던 방법을 알려 드릴게요. 먼저, 상단에 날짜를 쓰고 중앙에 집을 하나 그려줍니다. 저는 하루의 시작을 집에서 맞이하기 때문에 집을 그렸는데, 나에게 맞는 걸 그려 넣으면 돼요. 내 얼굴, 침대 위, 동그란 태양 같은 것들도 괜찮아요. 하루를 시작하는 장소나 아침에 가장 먼저 하는 행동을 넣어주는 게 좋습니다. 시작점을 표시하는 것과 같아요. 아이콘 하나로 마인드맵을 시작하는

Mindmap

것이지요.

시작점을 그렸다면, 거기서부터 오늘 하루의 일정을 떠올리며 해야 할 일들을 하나씩 생각해봅니다. 예를 들어 집 청소를 하기로 했다면 어디를 청소할지, 청소를 마친 뒤 해야 할 일은 무엇인지 적습니다. 오늘은 화장실 청소와 냉장고 정리가 목표예요. 냉장고를 정리해 비우고 나면 음식을 채워야겠죠? 장보기로 이어가 봅니다. 무엇을 사야 할지 적어보세요. 집에서 할 일이 끝났다면 다음 일정으로 넘어가세요.

회사에서는 미팅 준비를 해야 해요. 여유는 있지만 오늘까지 확인해야 하는 일이 있을지도 모르니 업무 일정도 정리해봅니다. 퇴근 후에는 비워진 냉장고를 채우기 위해 마트에 들를 거예요. 요즘은 아침마다 에그샌드위치를 즐겨 먹고 있어 식빵 사는 것을 잊지 말아야 해요.

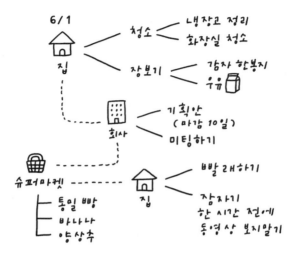

보통은 버스를 타고 집에 가지만 할 수 있다면 산책하듯
걸으면 좋겠어요.

　이렇게 하루를 미리 그려봤다면, 이 내용을 토대로 해
야 할 일과 하고 싶은 일을 체크리스트 항목으로 만들면
됩니다. 해야 할 일은 미팅 준비와 장보기, 하고 싶은 일
은 산책이 될 거예요. 다 지키지 않아도 괜찮아요. 중간
에 계획이 변경될 수도, 갑자기 일정이 추가될 수도 있지
만 그건 나중에 수정하면 되거든요.

　쫓기듯이 지킬 필요는 없지만 계획해두면 뭔가를 실

행하기 전에 한 번 더 생각할 수 있어요. 버스를 타려다가도 '맞다, 산책하려고 했지' 하고 체크리스트가 떠오르거든요. 물론 잊어버리고 넘어가는 경우도 있지만요.

　체크리스트라고 해서 꼭 줄지어 목록화해야 하는 건 아니에요. 작은 마인드맵도 충분히 체크리스트 역할을 할 수 있습니다. 글로 정리하면 더 간단하지만, 나에게 맞는 방식으로 체크리스트를 작성하는 게 더 중요해요. 다양한 방식으로 나만의 체크리스트를 작성해보면 나에게 맞는 방식을 찾게 될 거예요.

: 체크리스트 쓰기 :

CHECKLIST

- ☐
- ☐
- ☐
- ☐
- ☐
- ☐
- ☐

0   100

하루를
정리하는 시간표

　매일 똑같이 주어지는 하루 24시간. 그런데 어느 날은 무척 길게 느껴지고, 어느 날은 아쉬울 정도로 짧게 느껴져요. 즐거울 때는 하루가 48시간이면 좋겠다가도, 피곤한 날에는 얼른 시간이 흘러 침대에 눕기를 바라죠. 큰 사건 없이 똑같이 지내는 것 같아도 자세히 들여다보면 또 다른 나날들, 어떻게 보내고 있나요? 어차피 내일이라는 하루가 또 올 테니 지금, 이 순간을 그저 흘려보내고 있진 않나요?

　똑같은 24시간이어도 매일을 아쉬움 없이 보낼 수 있는 방법이 있습니다. 방학이 찾아올 무렵이면 방학 동안 하루를 어떻게 보낼지 그렸던 동그란 생활계획표 기억

하나요? 저는 하루를 보다 알차게 보내기 위해 일기를 쓸 때 꼭 생활계획표, 즉 타임테이블을 그려 넣어요. 타임테이블은 말 그대로 시간표인데, 제가 그리는 타임테이블은 일반적인 생활계획표와 조금 달라요. 계획된 시간표가 아니라 하루를 마친 후 그리는 시간표예요.

시간은 흐르는 것이라 잘 관리하지 않으면 쏜살같이 지나가 버리고 말아요. 시간의 흐름에 휩쓸려 정신없이 떠내려오고 난 후에 고개를 들어보면 원래 있던 곳은 까마득하지요. 제가 매일 타임테이블을 쓰는 이유예요. 표

✎ 오늘 하루 무얼 하며 보냈는지 시간 대별로 기록해보세요. 내가 얼마나 열심히 하루를 살았는지 보일 거예요.

류하지 않고 하루하루를 잘 헤엄쳐 나가고 싶거든요.

'오늘 열심히 공부했다'라고 생각하는 것과 실제로 얼마나 공부했는지 확인하는 것에는 큰 차이가 있어요. 물론 '얼마나' 공부했는지보다 '얼마나 열심히' 공부했는지가 더 중요하긴 하지만, 하루를 타임테이블로 기록해보면 실제로 내가 무엇에 얼마큼 시간을 썼는지 두 눈으로 확인할 수 있어요. '잠깐 유튜브 좀 볼까?' 했는데 두 시간을 넘게 봤다거나, 낮 12시에 일어났다 등 실제로는 크게 체감하지 못했던 나의 적나라한 모습들을 직면하게 되죠.

제가 기록하는 타임테이블은 몇 시간 공부했는지 확인하기 위함이 아니라 내가 온종일 집중한 것은 무엇인지, 오늘의 컨디션에 영향을 준 건 무엇인지, 그것으로 인해 나를 돌보지 못한 건 아닌지를 확인하기 위함이에요. 말하자면 먼 훗날 과거의 나를 돌아보기 위해 기록하는 게 아니라, 현재 내가 살아가는 방식과 시간을 사용하는 방식을 확인하고 관리하기 위한 것이라 할 수 있습니다.

어제보다 고작 한 시간 일찍 일어났을 뿐인데 아주 많

은 것을 할 수 있었던 것, 아침에 샤워하니 더 기분이 좋았던 것 등등. 동그란 시간표에서 차지하는 칸의 크기로 내가 사용한 시간의 '객관적인 크기'를 볼 수 있고, 그 시간과 내 감정 상태를 연결해볼 수 있어요. 시간 관리는 몰아서 할 수 있는 게 아니어서 기록할 때와 하지 않을 때의 차이를 느낄 수 있죠.

저는 두 가지 방식으로 타임테이블을 그려요. 첫 번째는 제 일기장에서 가장 많은 공간을 차지하는 동그란 시간표입니다. 지난 하루를 한눈에 확인하기에 최적화된 방법이죠. 그리기도 쉽고 간단한 데다 한 시간 단위로 작성할 수 있어 기억력이 좋지 않아도 괜찮아요. 매일 기록하려면 시간을 많이 소모하지 않으면서도 편하고 보기 쉬운 방법이어야 하는데, 학교에서 방학 숙제로 왜 동그란 생활계획표를 그리라고 했는지 알게 되었지요.

그리다 보면 동그라미가 찌그러지고 삐뚤어지기도 해요. 그럴 땐 과감하게 찌그러뜨리는 것도 나쁘지 않습니다. 이 페이지가 마음에 안 들어도 여러 페이지 속에 섞여 있으면 나름대로 괜찮아 보이거든요. 저를 믿고 한

원형 시간표는 컴퍼스로 그린 것처럼 완벽한 동그라미가 아니어도 괜찮아요. 삐뚤삐뚤한 것도 매력 있답니다.

번 찌그러트려 보세요.

24시간 시간표를 그릴 때 가장 많이 받는 질문은 '얼마나 자세하게 내용을 쓰는지'예요. 30분 단위로 시간을 쪼개 모든 내용을 적어야 할지, 크게 구분만 하는 게 좋을지 고민되지요. 단순하게 적을 땐 어떤 내용을 넣고 어떤 내용을 빼야 할지 잘 모르겠기도 하고요.

단순하게 적을 땐 일이 전환되는 시점이나, 장소가 바뀔 때를 기준으로 적는 게 좋아요. 예를 들어 일을 하다 잠시 쉴 때, 일기를 쓰다 영화를 볼 때처럼 하는 일의 종류가 바뀔 때 말이에요. 친구들을 만나고 집에 돌아올 때나, 일을 마치고 산책하러 나갈 때와 같이 장소가 바뀌는

시간표 그리는 법

Step1

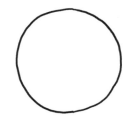

내용을 쓰기에
충분한 사이즈로
동그라미를 그린다

step2

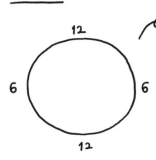

사등분 해서
숫자 쓰기

시간표의 중심을
잡는 과정이다

＊12 시간제가 아닌
24 시간제로 그리기!

Step 3

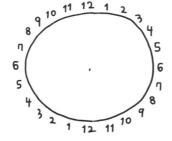

피자를 자른다고
생각하고 시간표를
나누세요

Step 4

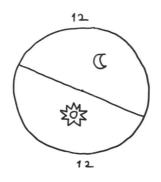

← 아침과
저녁은 이렇게
구분할 수 있다

시간대에 맞게
내용을 채워
넣으세요

것에 따라 시간을 구분해 적어도 좋아요. 잠깐 유튜브를 보다 전화 통화를 하다 일기를 쓰는 걸 꼭 세세하게 나누어 적을 필요는 없는 것이지요.

저는 가끔 동그란 타임테이블이 지겨워지면 네모난 타임테이블을 그렸어요. 글씨 쓸 공간만 있다면 모양은 중요하지 않아요. 마름모든 하트든 상관없어요. 심심하지 않게 중간중간 그림을 그려 넣는 것도 제가 자주 사용하는 방법이에요.

반대로 내용을 자세하게 적고 싶다면, 타임테이블 안에 숫자를 적고, 옆에 별도로 적는 걸 추천해요. 타임테이블 안에 다 쓰면 좋겠지만 그러기엔 칸이 부족할 때가 있거든요. 숫자 대신 간단한 그림을 그려 넣는 것도 좋아요. 언제 어디서 누구와 무엇을 했는지, 그리고 어땠는지까지 리뷰를 적듯 하루를 돌아보면 타임테이블이 하루의 요약본이 됩니다. 꼭 무엇을 했는지가 아니어도 되니

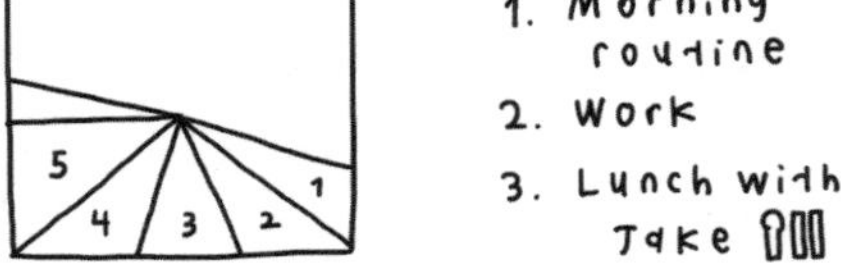
5
4
3
2
1
1. Morning routine
2. Work
3. Lunch with Jake

그 시간에 내가 했던 생각이나 감정을 적어도 좋아요.

두 번째는 줄을 이용한 시간표인데, 엑셀이나 표를 떠올리면 쉬워요. 첫 번째 열에 시간을 적고 두 번째 열에 한 일을 적어요. 글로만 쓸 수도 있고, 글씨 쓰기가 귀찮은 날에는 아이콘으로 표시할 수도 있어요. 일을 했다면 노트북 아이콘, 식사를 했다면 수저 아이콘, 유튜브를 봤다면 동영상 재생 아이콘 등등.

테이블형 시간표는 시간을 구체적으로 기록할 수 있어 원형 시간표보다 더 상세하게 기록하고 싶을 때 유용

Time	What did you do?
7:00	Happy morning ❀
8:30	📻 Radio & Podcast
10:00	💻 Let's work!
17:00	🖥 Way back home
18:00	Dinner with Mina ☺
20:00	📺 Death on the Nile

✎ 테이블형 시간표는 칸만 추가해서 쓰면 되니 시간과 내용을 상세하게 기록하고 싶을 때 사용해보세요.

합니다. 칸을 추가하기도 쉬워 구구절절 설명을 쓰기에
도 좋아요. 작성법도 간단하고요. 무지 노트에 선을 긋는
게 어렵다면 모눈 노트를 활용하면 도움이 될 거예요.

　꼼꼼히 쓰기 귀찮거나 세부적인 내용까지 쓰기 어려
운 날에는 오전/오후/저녁으로 나누어 작성해도 돼요.
저는 주로 특별한 활동을 했을 때 이렇게 적고 있어요.
매일 비슷한 일과 속에서 세세하게 다른 포인트들을 발
견하고 기록하는 게 타임테이블의 매력이지만, 야외에
서 활동적인 하루를 보냈거나 단체 생활을 한 경우, 예를
들어 친구와 놀이공원에서 놀았거나 명절에 할머니 댁
에 방문했다면 시간대별로 모든 걸 기록하기란 어려우
니까요. 굳이 이렇게까지 적어야 하나 싶을 때도 있고요.
그럴 때는 할머니 댁, 놀이공원, 데이트, 파티 등의 키워
드로 묶어서 쓰고, 세세한 내용은 줄글 일기를 더해주는

오전	아침 식사 거르지 말기 TED Talks 듣기
오후	로아랑 미술관 관람
저녁	다코 화장실 청소

게 좋답니다.

　반복되는 일상을 매일 타임테이블로 적는 일은 어떻게 보면 참 지루하고 의미 없게 느껴질 수 있어요. SNS에 기록 계정을 운영하면서 가장 많이 받았던 질문 중 하나도 "어떻게 매일 똑같은 하루를 기록할 수 있나요?"였거든요.

　어제와 오늘, 그리고 내일을 똑같이 단조롭고 반복되는 하루라고 생각한다면 일상의 틈 속에 숨어 있는 행복을 발견하기 힘들어요. 타임테이블을 기록할 때 그저 일과를 나열하는 게 아니라, 작은 것들에 의미를 부여해보세요. 밥을 먹고 산책하고 일을 마치는 순간순간에 일어난 사소한 변화를 찾아보세요. 매일 식사를 하지만, 오늘은 누구와 함께 먹었는지, 어떤 메뉴를 먹었는지, 직접 요리했는지 배달 음식을 주문했는지와 같은 작은 것들을요. 내 하루를 더 자세히 들여다보는 거예요.

　똑같은 기록이지만, 기록하는 방법에 변화를 주는 것도 좋아요. 오늘은 동그란 시간표를 그렸다면, 내일은 네모난 시간표를 쓰고, 또 어느 날엔 숫자 시간표를 적어보는 거예요. 딱히 쓸 내용이 없는 날이라면 페이지 한 장 가득 커다란 시간표만 그려 넣어도 괜찮아요.

시간이 언제 이렇게 흘러버렸는지도 모른 채 바쁜 일상에 쫓기듯 하루를 보내는 것이 아니라, 내 시간을 관리하고 충분히 사용할 수 있다면 어제와는 분명 다른 오늘을 보내게 될 거예요.

만사가 귀찮은 날에는 피자(차트)를 시켜요

그런데 이 모든 게 귀찮은 날이 있어요. 타임테이블을 그리는 것도, 하루를 돌아보는 것도 말이죠. 씻고 옷 갈아입는 것조차 귀찮아서 그대로 침대로 돌진해 버리고 싶은 날. 그럴 땐 '피자 차트a piece of today'를 추천합니다.

피자 차트는 파이 차트pie chart를 활용해 하루 24시간 중 가장 좋았던 시간을 기록하는 방법이에요. 일기 쓰기는 귀찮아 한 번 미뤄버리면 두 번 세 번 밀리기 쉬우니 무엇이라도 쓰고 넘기기 위한 저만의 방법입니다. 손가락을 조금만 움직이면 완성할 수 있는 작은 파이 차트라 타임테이블을 그리기 귀찮은 날에 사용하면 좋아요.

동그란 파이 차트에 하루 중 가장 좋았던 시간대를 체크합니다. 친구와 놀러 갔을 때, 발표를 잘 마쳤을 때, 강아지와 산책하러 나갔을 때, 기분 좋게 기상했을 때 등등. 펜으로 까맣게 칠해도 되고, 웃는 얼굴 모양을 그려도 좋아요. 내가 선호하는 방식으로 가장 좋았다는 것만 알 수 있게끔 표시하면 됩니다. 대략적인 시간표이니 타임테이블처럼 시간을 쓸 필요도 없어요. 어때요? 피자 조각을 떼어낸 것 같지 않나요?

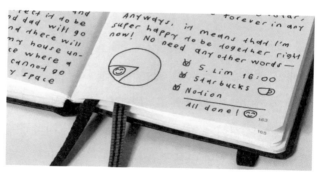

✎ 기록 초보라면 하루 중 가장 좋았던 시간을 기록하는 '피자 차트'를 그려보세요. 쉽고 재미있는 기록으로 쓰는 습관을 기르기에 좋은 방법입니다.

피자 차트는 시간을 관리하고 일정을 기록하기는 어렵지만, 간단한 방법으로 하루의 기록을 완료할 수 있습니다. 매일 생산적이고 효율적인 기록을 해야만 하는 건 아니에요. 가끔은 편하고 재미난 기록을 하는 날도 있어야 해요. 기록하는 습관을 기르기 위한 쓰기 연습의 연장선으로 볼 수도 있겠습니다. 기록 초보라면 하루의 즐거웠던 순간을 수집한다는 마음으로 피자 차트부터 시작해보세요.

 빵이's Advice

성공과 실패보다 중요한
계획과 실행 사이

매일 계획하는 것 치곤, 저는 계획을 그렇게 잘 지키는 편은 아니에요. 워낙 하고 싶은 것도 많고, 하고 싶은 일은 해야 직성이 풀리는 성격 탓에 무언가를 시작했다가 끝을 보기도 전에 다른 것을 시작하고는 합니다.

한 시부터 세 시까지는 그림을 그리자고 계획해 놓고 막상 두 시쯤 되면 점토를 만지작거리고 있어요. 만들기도 미술의 한 장르니까 그림 그리기 대신 이걸 해야겠다 하는 생각도 종종 합니다. 공부하다가 갑자기 책을 읽고 싶으면 참지 못하고 책을 읽으면서 '책 읽기도 공부지'라 고 생각해 버리죠.

저는 이런 제 성격을 알기에 계획표를 쓸 때 여유 시 간을 꼭 만들어요. 그리고 계획했던 것과 실제 실행한 것 을 비교해보죠. 매일 쓰는 데일리 저널의 한 페이지를 반 으로 나누어 왼쪽엔 계획을, 오른쪽엔 실제로 보낸 하루 를 기록하는 방법을 자주 사용했어요. 오늘의 계획plan 과 실행done을 비교해보면 계획과 실행 사이에 멈추어 있는 것들을 확인할 수 있거든요. 무엇보다 계획은 아침

Plan	Done
• 프로젝트 마감 • 30분 산책 • 장보기 　(빵집 들리기)	• 마감 완료! • ♩♫ 시간이 부족해 산책 실패 • 마트 　ㅡ 브로콜리 　ㅡ 식빵 　ㅡ 연어

에, 실행은 저녁에 기록하니 아침저녁으로 기록하는 습관을 들이기에도 효과적이에요.

계획실행표에 계획한 것을 완료했는지 못했는지부터, 계획한 항목에 대한 세세한 내용을 적어보세요. 예를 들어 마트에 가기로 했다면, 실행 칸에는 마트에 가서 구매한 제품을 적어줍니다. 완료/미완료나, 성공/실패로 쓰는 것보다 재미있어요. '산책하기'가 계획이었다면 산책하며 무슨 생각을 했는지, 무슨 노래를 들었는지, 어디를 얼마큼 걸었는지 등을 적어보고, 완료하지 못했다면 그 이유도 생각해보는 거죠. 이렇게 쓰면 타임테이블을 그리지 않아도, 체크리스트를 쓰지 않아도 언제 무엇을 했는지 파악할 수 있어요.

그리고 여백이 남았다면 코멘트를 달아주세요. '낮잠을 자지 않았으면 오후 시간을 더 잘 활용했을 텐데 아쉽다', '생각이 많은 날에는 오늘처럼 산책하는 게 도움이 되는 것 같아', '계획표를 다 지키다니 정말 멋진 걸?' 등등. 나에게 건네는 한마디라고 생각하면 됩니다.

TIMETABLE

/　/

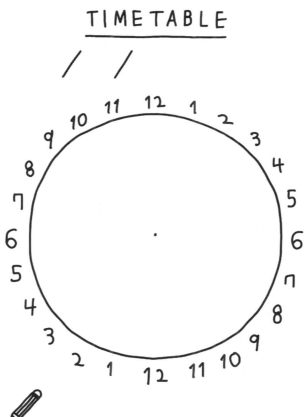

Level 1

 아침을 여는
모닝 페이지

새해 첫날 들은 노래가 한 해를 좌우한다는 이야기를 들어보셨나요? 언젠가부터 새해 곡 선정이 연초 이벤트가 되었어요. 연말이 되면 1월 1일에 듣기 좋은 노래 목록이 올라오는데, 레드벨벳의 '행복', 우주소녀의 '이루리', 2NE1의 '내가 제일 잘 나가' 같은 곡들이 높은 순위를 차지합니다. 올 한 해는 더욱 행복하고, 계획한 것을 이루고, 성공하겠다는 마음으로 새해를 맞이하는 거예요.

하루도 그렇습니다. 아침 기분이 종일까지는 아니어도, 반나절은 영향을 미치거든요. 아침을 무기력하게 시작하면 기분 전환을 하기 전까지는 발밑이 푹푹 꺼지는 것처럼 우울하게 하루를 보내게 되죠. 숙면을 취한 날에는 평소보다 몸이 가벼워서 늘 버스를 타던 거리도 괜히 한번 걸어봅니다. 아침에 잔잔한 곡을 들으면 차분하면서 평화로운 마음으로 오전을 보낼 수 있는 것처럼, 어떤 자세로 아침을 여는지가 그날 하루를 좌우하지요.

그런 의미에서 모닝 페이지는 정갈하게 아침을 여는 방법으로 추천하는 기록 방식이에요. 많은 현대인들이 아침에 눈을 뜨자마자 스마트폰을 켜고 세상과 급속도로 연결되는데, 모닝 페이지는 바쁘게 움직이는 세상으

아침에 일어났을 때 스마트폰 대신 일기를 써보세요. 지난밤 머릿속을 어지럽혔던 것들로부터 한결 가벼워질 거예요.

로 빨려 들어가기 전에 마음을 정리하는 시간을 줍니다.

말하자면 아침에 쓰는 일기라고 할까요? 정확히 따지면 일기보다는 '끄적임'에 더 가까워요. 밤새 내 안에 가라앉은 먼지들을 탈탈 털어주는 작업이에요. 정리되지 않은 생각과 미처 의식하지 못한 감정을 내려놓는 시간이 됩니다.

끄적임답게 별 의미 없는 이야기를 써도 괜찮아요. 어떤 꿈을 꿨는지, 컨디션은 어떤지, 오늘 이걸 해야 하는데 까먹지 말아야겠다 등 내 안에 있는 생각을 아무거나 꺼내 적습니다. 단, 쓰는 중간에 내용이 끊기지 않도록 흐름을 따라가고, 너무 깊은 생각에 빠지지 않도록 주의해요. 헛소리만 잔뜩 적는 것 같아도 막상 써보면 마음이 한결 가볍고 편안해질 거예요.

잠결에 글씨를 잔뜩 흘려 써도, 복잡한 마음에 서너 장을 거뜬히 넘겨도, 평소보다 늦게 일어나 허둥지둥 적어도 꾸준히 하면 점점 선명해진답니다. 내면 깊숙한 곳에 있는 내 목소리가요.

모닝 페이지 작성 기본 규칙은 정해진 시간에 일어나

서 정리되지 않은 생각을 세 장 분량으로 작성하는 거예요. 저는 하다 보니 제게 맞는 방법으로 변형해서 쓰고 있어요. 기본 규칙을 따라야 효과적이긴 하지만, 지속 가능한 모닝 페이지 쓰기를 위해서는 자신의 성향에 맞게 융통성을 발휘하는 게 필요한 법이죠!

저만의 모닝 페이지 규칙은 다음과 같아요.

1. 아침에 일어나 모닝 페이지를 다 쓰기 전까지 스마트폰을 절대 보지 말 것
2. 분량은 상관없지만 중간에 멈췄다 쓰지 말 것
3. 적었던 글은 언젠가 꼭 다시 읽어볼 것

모닝 페이지를 쓰면서부터는 아침에 일어나서 바로 스마트폰을 보는 습관이 사라졌어요. 알람을 끈 다음 스마트폰을 옆에 내려놓고, 침대 헤드에 끼워둔 노트를 꺼내 모닝 페이지를 쓰거든요.

이제는 이런 일련의 과정들이 아침에 해가 뜨고 밤에 달이 뜨는 것처럼 자연스러워요. 부스스하게 일어나 비몽사몽 하루를 시작했던 전과 달리, 맑은 머리로 오전을

보낼 수 있게 되었고요. 나중에 펼쳐보니 얼렁뚱땅 쓰인 글들 사이로 내 마음이 보이더라고요. 글 몇 줄을 쓰는 것만으로도 지금까지와는 다른 아침을 보내는 신기한 경험을 하게 될 거예요.

: 모닝 페이지 쓰기 :

Level 3 🌙

 어제보다
나은 나를 위해

사람마다 기르고 싶은 습관이 있을 거예요. 연초가 되면 '습관'과 관련한 책들이 베스트셀러에 올라오는 것만 봐도 알 수 있죠. 하지만 새로운 습관을 만들기란 여간 어려운 일이 아닙니다. 저는 습관을 기르기 위해 일주일 단위로 루틴 트래커를 쓰고 있어요. 일주일마다 새롭게 루틴을 계획하고 이를 실천했는지 확인합니다. 루틴 트래커는 기본적으로 '했는지, 안 했는지'를 점검하는 용도인 셈이죠.

체크리스트나 타임테이블 외에도 다양한 기록을 하다 보니 매일 쓰는 기록의 양이 많은 편이라, 일주일마다 하는 게 편하더라고요. 한 달 간격으로 트래킹을 해본 적

있는데, 열심히 하다가 중간에 삐끗하면 끝마치지 못하는 경우가 종종 생기고, 그렇다고 매일 쓰기에는 체크리스트를 한 번 더 쓰는 것 같았거든요.

이렇게 기르고 싶은 습관을 트래킹하다 보면 어느 날 루틴이 하루의 일과로 자리 잡게 됩니다. 마치 아침에 일어나 세수하는 것처럼 당연하고 자연스러운 일상의 한 부분이 되는 것이지요. 비록 그렇게 되기까지는 적지 않은 시간이 필요하지만, 트래킹하며 실행에 옮기면 조금 수월하게 습관화할 수 있어요.

✎ 습관 기르기가 어렵다면 루틴 트래커를 써보세요. 작은 것부터 일주일 단위로 실천하다 보면 일상의 한 부분이 되어 있을 거예요.

트래킹을 하기 위해서는 우선 루틴으로 삼고 싶은 항목을 정합니다. 기록으로 트래킹을 하면서 루틴을 만들려면 'Yes/No'로 대답이 가능한 항목보다는 구체적인 질문이 좋아요. '했다, 안 했다'가 아니라, '얼마큼 했는지', '무엇을 했는지'로 접근하는 거예요. 이를테면 '유튜브를 봤는가' 대신 '유튜브 시청 시간'을, '하루 30분 독서' 말고 '어떤 책을 읽었는가'라는 항목을 넣는 거죠. 그러면 기록이 훨씬 풍성해져요. 스스로를 인터뷰하는 기분이 들기도 하고요.

체크리스트와 마찬가지로 한 번도 해본 적 없거나 너무 다양한 루틴을 넣으면 오히려 바쁜 일상에서 잊어버리기 쉬워요. 평소보다 한 단계 위의 레벨에 도전해야 하는데, 갑자기 10단계나 높은 레벨을 시도하면 성공하기 어려운 것처럼요. 평소 물을 잘 마시지 않는다면 '하루에 물 1리터 마시기'보다는 '하루 종일 텀블러 들고 다니기'로 시작하는 게 더 좋달까요.

저는 월간/주간 목표를 정한 다음, 하위 항목으로 루틴을 세우고 있어요. 목표 행동 하나를 해내는 것이 아니라, 목표를 이루는 데 도움이 되는 하위 목표들을 통해 최종 목표를 이루는 거예요. 루틴은 일상이라는 연속 선상 위에 있으니까요. 예를 들어 이달의 목표가 '활기찬 오전 시간 활용하기'라면, '기상 직후 스마트폰 보지 않기', '일어나자마자 환기하기', '5분 명상하기'와 같이 이루고자 하는 목표와 연관된 하위 항목으로 루틴을 세우는 거죠.

여러 개의 큰 목표를 세우면 모두 이루기 어려울 수 있으니, 매달 한두 개의 목표를 설정해보세요. 조금 추상적인 목표여도 하위 목표를 구체적으로 설정하면 되니 괜찮아요. 언제나 체계적인 사람이 될 필요는 없지만, 이런 기록을 통해 한 걸음씩 자리 관리를 해나간다면 내 삶을 스스로 운영하는 데 큰 즐거움과 의미를 준답니다.

루틴 트래커는 정해진 틀이 없어요. 글로 써도 되고, 그림으로 그려도 되고, 도형으로 체크해도 됩니다. 어떤 날은 장문형으로 썼지만, 또 다른 날은 ○/×만 표시해도 괜찮고요. 저는 트래킹할 땐 주로 ○, ×, △를 사용해요. ○는 완료했을 때, ×는 하지 않았을 때, △는 하긴 했지만 정한 목표에 도달하지 못했을 때.

밤 12시에 자기로 했는데 12시 15분에 누웠다고 해서 실패로 체크하기는 아쉽잖아요? 조금은 너그러운 마음으로 △ 표시를 하는 거죠. 하루에 한 끼 샐러드 식사로 채소를 섭취하기로 했는데, 샐러드 대신 랩wrap이나 슈와마shawarma(얇고 납작한 빵에 고기와 채소를 함께 넣고 싸서 먹는 음식으로 케밥과 유사해요)를 먹었다면, 루틴을 정확히 지킨 것은 아니지만 비슷한 식사를 한 셈이니까 △. 별것 아닌 것 같아 보여도 계속해서 실패가 쌓이면 포기해 버리고 싶을 수 있으니, 저는 저에게 조금의 여유를 주는 방법으로 △ 표시를 쓰고 있어요.

그렇다고 △ 표시를 자주 사용하면 안 됩니다. 했는지 안 했는지를 어떻게 '인정'할지 기준이 필요해요. 여기서도 나만의 표시를 만들어보면 좋아요. 여러분도 조금은 너그러운 나만의 △ 표시를 만들어보세요. 지속 실천할 수 있는 목표 설정과 어렵지 않은 정리법이 핵심이랄까요?

체크리스트나 타임테이블에 비해 루틴 트래커가 낯설게 느껴진다면, 지금 한번 루틴 항목을 만들어보세요.

혹시 지금 이루고 싶은 목표가 있나요? 생각나는 게 없어도 괜찮아요. 목표 예시를 드릴게요.

- 채소 먹기
- 일찍 일어나기
- 카페인 줄이기
- 사소하게 운동하기

위 목표를 이루기 위한 하위 항목을 적고 일주일 동안 실천해보세요. 변화된 하루하루를 발견하게 될 거예요.

: 루틴 트래커 쓰기 :

ROUTINE
TRACKER

Routine	S	M	T	W	T	F	S

조금 특별한 일기가
쓰고 싶다면

디지털 제품 디자이너 라이더 캐럴Ryder Carroll이 만든 불릿저널Bullet Journal은 자신만의 아이콘으로 일정을 관리하는 기록법이에요. 여기서 불릿은 시간 관리를 위한 아이콘을 뜻하는데, 이를 활용하면 색다른 일기 쓰기를 할 수 있습니다. 불릿저널에서 주로 사용하는 점이나 선 대신 오늘을 요약할 수 있는 특징을 그리기만 하면 되거든요.

아이콘 일기는 줄글로 기록하고 싶지 않을 때 제가 종종 쓰는 방법이에요. 점보다 훨씬 눈에 잘 들어오고, 오늘의 주요 일과를 한눈에 확인할 수 있어요. 다꾸(다이어리 꾸미기의 줄임말)하기에는 손재주가 없거나, 조금 특별한 일기를 쓰고 싶을 때 아이콘을 한번 그려보세요. 스마트폰 키보드 속 이모지나 머릿속에 떠오르는 아이콘으로요. 펜 한 자루로도 풍성하고 예쁜 기록을 남길 수 있답니다.

특히 모든 게 한눈에 들어오는 걸 중요하게 생각하는 저에게 아이콘은 떼려야 뗄 수 없는 존재입니다. 어쩔 땐 아이콘 하나로 하루를 요약하고, 정리할 수도 있죠. 글을 쓰지 않아도 그림으로 함축해 표현할 수 있다는 점이 무

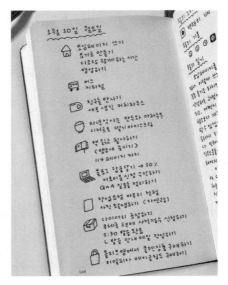

✎ 아이콘을 그리고 설명을 추가하면 색다른 일기 쓰기를 할 수 있습니다.

척 마음에 들더라고요. 아무런 설명 없이 밥그릇 그림에 숫자만 쓰여 있어도 '아, 밥 먹은 시간을 말하는 거구나' 라고 직관적으로 이해할 수 있죠.

글씨가 마음에 들지 않으면 기록하고 싶은 마음이 사 그라들어버릴 때가 있어요. 쓰는 순간 다이어리에 남기 때문에 기록하고 싶어도 악필이라 망설여지기도 하고, 예쁜 글씨로 써 내려간 다른 사람들의 기록을 보면 주눅 들어 '나는 못해'라고 생각하기도 해요. 지금은 저만의 글씨체를 찾게 되었지만, 저도 어릴 적에는 글씨가 마음 에 들지 않아 다이어리 페이지를 자꾸 찢어내다가 일기 장을 버린 적이 많아요.

그럴 때도 아이콘 일기는 좋은 대안이에요. 생각이나 아이디어, 감정 같은 경우에는 아이콘으로 대체해 표현 하기 힘들지만, 간단한 하루 기록은 아이콘으로도 쉽게 할 수 있습니다. 글씨를 많이 쓰는 대신에 그림으로 표현 해보는 거예요. 그렇게 계속 쓰다 보면 글씨체가 변하기 도 하고, 못나 보이던 내 글씨가 꽤 괜찮아 보이는 날이 올 거예요. 제가 그랬던 것처럼요.

  위 기록은 아이콘으로 쓴 하루 요약이에요. 오늘의 날
씨, 기분, 마신 음료, 방문한 장소, 한 일, 먹은 것! 글로 쓰
진 않았지만, 저 날 날씨는 구름이 가득했고, 활짝 웃는
얼굴인 걸 보니 기분이 좋았나 봐요. 또, 집에 있다가 병
원에 다녀왔다는 것을 알 수 있어요.

  이날은 집 모양만 세 개가 그려져 있네요. 집 아이콘에
숨어 있는 의미를 모르는 사람은 도대체 어디를 갔다는
건지 알 수 없어요. 이날 저는 집에서 나와 기차를 타고 할

머니 댁에 갔다가, 빵집에 들른 후 집으로 돌아왔답니다. 할머니 댁은 근처에 나무가 많아 집과 나무를 함께 그려 주었어요. 진짜 나만 알아볼 수 있는 암호 일기인 셈이죠.

이처럼 그리는 재미도 있고 빠르게 읽히는 아이콘을 활용하면 간편하고 깔끔하면서도 아기자기한 일기를 쓸 수 있어요. 게다가 아이콘은 다른 레이아웃과 섞어 쓰기에도 적절하고, 그림 실력도 상관없거든요. 삐뚤삐뚤한 게 오히려 더 매력적이랍니다!

아이콘 그리기에 익숙해지면, 글을 조금씩 추가해보세요. 아이콘 하나당 한두 줄 정도의 짧은 기록을 곁들이는 거예요. 카페에 갔다면 머그잔, 독서를 했다면 책, 어

친구들 만나기
새로 생긴 동네 커피숍

저녁식사는 만두와 두부
디저트로 딸기 아이스크림

책 읽고 필사하기
〈앵무새 죽이기〉

딘가에 놀러 갔다면 자동차 등등. 아이콘을 그린 후 약간
의 이야기를 적어줍니다. 내 다이어리니까 무언가를 자
세히 설명할 필요는 없어요. 앞뒤 설명 없이 떠오르는 생
각만 적어도 괜찮아요. 아이콘 일기가 쌓이면 나만의 아
이콘들이 생겨날 거예요.

　다음은 저만의 아이콘입니다. 여러분도 자신만의 아
이콘 리스트를 만들어보세요.

✎ 빵이's 아이콘

😊 나만의 아이콘 그리기

↙ 단어   ↙ 아이콘

> Monthly
> Schedule

다이어리 첫 페이지,
먼슬리 기록법

　체크리스트도 쓰고, 타임테이블도 그리고, 루틴도 기록하며, 매일 하루를 돌아보고 추적하고 쓰고 수정하고 정리한다고?! 혹시 '기록하는 데에 뭐가 이렇게 많고, 복잡한가' 하는 생각이 드나요? 막상 해보면 별거 아니지만 글로 설명하니 저 역시 실제보다 더 복작복작하게 느껴지네요.

　여러분은 일정을 어떻게 관리하나요? 친구가 오랜만에 밥 한번 먹자고 연락했을 때, 중요한 면접이 생겼을 때, 부모님 생신이 다가올 때 등등. 저는 스마트폰 캘린더를 사용해 실시간 알림을 받지만, 다이어리에도 기록해요. 한 달간의 일정을 한 번에 잡는 경우는 거의 없으므로 일정이 생길 때마다 틈틈이 다이어리에 적어줍니다. 다이어리를 매일 펼치면 스마트폰 못지않게 일정을 리마인드할 수 있거든요.

다이어리에 담긴 여러 레이아웃 중 맨 처음에 나오는 먼슬리 스케줄은 모든 기록 중에 가장 쉽게 쓸 수 있는 기록이에요. 어떤 다이어리를 사도 이 페이지는 빠지지 않죠. 대부분 월별 기록을 간단하게 '먼슬리Monthly'라고 부르는데, 먼슬리 뒤에는 무엇이든 붙일 수 있어요. '먼슬리 타임테이블', '먼슬리 체크업', '먼슬리 챌린지' 등 무

모든 다이어리의 첫 페이지를 장식하는 먼슬리 스케줄. 무엇을 했는지, 무엇을 해야 할지 한눈에 확인할 수 있어요.

궁무진하답니다. '먼슬리 활용법'은 뒤에서 좀 더 자세히 이야기할게요.

먼슬리도 앞서 언급한 기록들처럼 기본적으로 그날의 일정을 기록합니다. 약속이 생기면 미리 써두고, 갑작스럽게 잡힌 일정은 추가해서 적어요. 달이 시작되는 초반에는 듬성듬성 비어 있다가도, 끝나가면 무언가 잔뜩 채워져 있지요.

그런데 먼슬리에 매일 가는 학교나 직장 출근을 쓸 수도 없고, 집에서 하루 종일 쉬었는데, 대체 무엇을 적어야 하나 고민될 때가 있어요. 어렵게 생각하지 마세요. 꼭 무엇을 해야만 하는 게 아니라 일상에서 의미를 찾는다면 그게 무엇이든 적으면 됩니다.

아침에 눈을 떠 스마트폰 알람을 끄고, 간단하게 식사하고, 샤워를 하고, 옷을 입고, 문을 나서고, 길을 걷고, 사람들로 꽉 찬 버스에서 피곤해 졸았는지, 좋아하는 노래를 들었는지, 아무 생각 없이 창밖 풍경을 바라보았는지 하루를 곱씹어보는 거예요. 아침 식사로 무엇을 먹었는지, 함께한 사람이 있다면 누구였는지, 정신없이 나오느라 빠트린 건 없는지도 체크해봅시다. '별거 아닌 일'이라 여겼던 것들이 좀 다르게 느껴질 겁니다.

　특별한 일 없이 하루를 보내서 쓸 말이 없을 것 같다면, 그날의 핵심 포인트 하나만 정해보세요. 그리고 그걸 그림으로 표현해보는 거죠. 산책했다면 운동화를, 찌개를 끓여 먹었다면 냄비를, 하루 종일 열심히 작업을 했다면 컴퓨터를 그려보는 거예요. 별거 아닌 일들이지만, 그게 내 하루인걸요!

　저는 무지 노트에 먼슬리를 직접 그려서 쓰고 있어요. 먼슬리 레이아웃이 포함된 다이어리를 쓰면 편하지만, 직접 그리면 내가 원하는 레이아웃으로 만들 수 있다는 장점이 있거든요.

　저만의 팁은 먼슬리를 그릴 때 우측 제일 끝에 메모 칸을 만드는 거예요. 한 주가 끝날 때마다 그 주의 특별한 점을 적기 위해 따로 마련한 공간이에요. 아팠다거나, 피곤했다거나, 어떤 일정이 지연되었다거나 혹은 한 주간 루틴을 잘 지켰다거나. 이번 주에 구매한 쇼핑 목록을 적기도 하고, 특별한 날의 이벤트에 대해 코멘트를 남기기도 해요. 장마 시작이나 여행 같은 시즌별 특이 사항도

좋아요. 작은 칸이니 무언가를 적어야 한다는 부담도 덜
하고, 쓸 것이 없어 비워 두어도 여백이 크지 않아 괜찮
아요.

　다음은 제가 사용하는 먼슬리 그리는 법입니다. 생각
보다 어렵지 않죠? 여러분도 나만의 먼슬리를 한번 만
들어보세요.

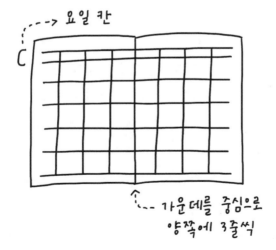

먼슬리 그리는 법

가로선 7개, 세로선 6개

---> 요일 칸

ㄴ--- 가운데를 중심으로
　　　양쪽에 3줄씩

만약 먼슬리 그리는게 어렵다면,
왼손 손가락 4개를 펴보세요

손가락을 펼쳐 줄간격을 맞춰보세요!

세로줄은 가운데를
먼저 그려보세요
옆줄 간격을 맞추기
쉬울거예요 ☺

2   1   3

기록을 활용하는 방법에는 여러 가지가 있지만, 남기기만 하는 것보다는 작성한 내용을 펼쳐보는 것이 좋습니다. 바쁘게 보냈던 시기에는 빼곡하게 글자가 채워져 있을 테고, 어떤 날은 텅 비어 있기도 해요. 아무것도 하지 않은 날은 아닐 텐데, 분명 어떤 하루를 살았을 텐데, 그저 비어 있는 네모 칸으로 남아 있지요.

먼슬리를 쓰면 내가 어떻게 살고 있는지 한눈에 파악할 수 있고, 사소한 것도 체크할 수 있어요. 일정이 몰려 있는 것을 볼 때면 나의 피로도나 나에게 얼마큼의 휴식이 필요한지 확인할 수도 있고요. 체력을 적절히 나누어 쓰기 위해 우선순위를 정하는 연습도 하게 됩니다. 마음이 크게 동요했던 적이 있었다면 그 이유를 찾을 때도 유용하게 쓰여요. 어떤 일이 있었는지, 누구를 만났는지, 나는 이 사람을 만날 때마다 피로했네 하면서 나뿐만 아니라 주변도 돌아볼 수 있습니다.

하루 일과를 나열하는 타임테이블만 적다 보면 매너리즘에 빠지기 쉬워요. 그렇다고 매일 새로운 일을 만들 수도 없을 테고요. 매일 기록하기 위해서는 나를 둘러싼 사소한 것들에서 의미를 찾을 수 있어야 해요. 일상에서

의미를 찾는다면 매일 새로운 것을 느끼고 완전히 다른
기록을 하게 된답니다.

고쳐쓰기는
마스킹테이프로 하세요

미리 일정을 써두었는데 계획이 변경되거나 펜으로
적은 내용을 바꿔야 할 때 수정하기 좋은 방법을 알려드
릴게요. 반투명 마스킹테이프(얇은 종이테이프) 하나면 간
편하게 수정할 수 있어요.

첫 번째 방법은 마스킹테이프를 바뀐 일정 위에 붙여
변경된 내용을 써주는 거예요. 대부분 마스킹테이프는
위에 글씨를 쓸 수 있는 재질이라 깔끔하게 수정할 수 있
어요. 피그먼트 라이너pigment liner(물에 번지지 않는 펜)를
사용하면 더 선명하게 쓸 수 있고요.

저는 다이어리 빈 페이지에 마스킹테이프를 붙여두
고 필요할 때마다 떼어서 사용해요. 미리 크기에 맞게 잘
라서 붙여 놓으면 마스킹테이프를 따로 들고 다닐 필요

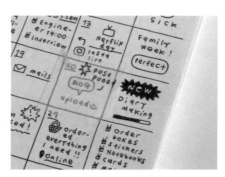

✎ 수정이 필요한 부분에 마스킹테이프를 붙여 수정하기

가 없어 아주 유용하답니다.

 먼슬리 스케줄은 작은 네모 칸에 써야 하고 한 달 치 일정을 가득 담고 있어서 마스킹테이프로 고쳐 써야 수정한 티는 많이 나지 않으면서도 일정에 변화가 생겼다는 걸 확실하게 알 수 있어요. 여백 공간에 직접 쓰지 않고 굳이 마스킹테이프를 붙여 표시하는 이유도 그래서죠. 수정된 사항이 있다는 걸 한눈에 알아볼 수 있고, 잘못 붙여도 깔끔하게 떼어내기 쉽답니다.

 수정이 필요한 부분에 마스킹테이프를 붙이는 게 첫 번째 방법이라면, 마스킹테이프를 미리 붙여 두었다가 나중에 제거하는 방법도 있어요. 첫 번째 방법과 정반대라고 볼 수 있습니다.

확정되지 않았으나 대략적으로 예정되어 있는 일정이라든지 변경될 것 같은 일정이 있다면, 해당 날짜에 미리 마스킹테이프를 붙인 다음 그 위에 글씨를 적어줍니다. 이후에 일정이 확정되면 테이프를 떼어내어 깔끔하고 손쉽게 다시 작성할 수 있어요.

첫 번째 방법보다 흔적을 덜 남기고 수정할 수 있다는 장점이 있지만, 변경될 것 같은 약속을 미리 예견하는 건 쉽지 않은 일이죠. 그래서 저는 아주 특별한 일정이 아니고서는 첫 번째 방법을 주로 사용하고 있습니다.

✎ 확정되지 않은 일정이라면 마스킹테이프 위에 쓰기

: 먼슬리 스케줄 쓰기 :

MONTHLY SCHEDULE

SUN	MON	TUE	WED
—	—	—	—
—	—	—	—
—	—	—	—
—	—	—	—
—	—	—	—

THU	FRI	SAT	MEMO
—	—	—	
—	—	—	
—	—	—	
—	—	—	
—	—	—	

빵이's Special

먼슬리 활용법

먼슬리는 다양한 방식으로 활용할 수 있습니다. 똑같은 달력 모양인데도 내용을 다르게 채워 넣으면 완전히 다른 기록이 됩니다.

저는 먼슬리 타임테이블Time Table, 먼슬리 체크업Check-up, 먼슬리 챌린지Challenge 등을 만들어 쓰고 있어요. 이외에도 매일 들은 노래를 한 곡씩 적는 먼슬리 플레이리스트Playlist, 매일 마신 차 한 잔을 기록하는 먼슬리 티 차트Tea Chart 같은 취미 일기를 쓰기도 합니다. 그러다 보면 한 달에도 달력을 몇 개씩 그리게 되어 힘들이지 않고도 먼슬리를 그릴 수 있게 돼요. 신경 써서 칸을 나누지 않아도 비슷한 크기의 격자를 그릴 수 있는 실력자가 된답니다.

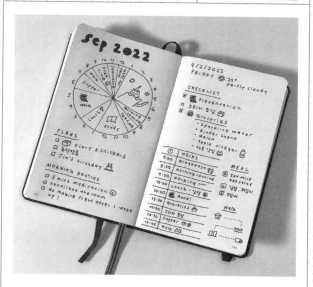

'먼슬리'라고 무조건 바둑판 같은 달력에 그리는 것은 아
니에요. 매월 1일, 새달을 시작하며 저는 '이달의 시간표'
를 그리고 있어요. 매달 다 비슷한 것 같아도 주제가 다르
거든요. 보통 1월에는 새해를 맞아 새롭게 도전하고자 하
는 마음이 크고, 2월엔 1월에 놓친 것들을 하며 적절히 휴
식하고, 3월은 학교의 학기가 시작하는 달이기 때문에
무언가 목표를 새로 세우게 되더라고요. 그달의 목표에

맞는 시간표를 그려보는 거예요.

하루를 돌아보는 것만큼 내일을 계획하는 일도 중요해요. 촘촘하게 계획을 세울 필요까지는 없지만, 생각하는 대로 살기 위해서는 계획이 필요하죠. 계획한 대로 살아가는 일상은 뿌듯함과 안정감을 주기도 하고요. 이것이 지속되다 보면 계획한 것을 이뤄내는 일종의 사이클이 만들어질 거예요. 이 사이클은 다람쥐 쳇바퀴 같은 일상이 아니라 편안한 루틴으로 자리 잡을 것이고요. 제가 매일 체크리스트를 만들거나 월별 목표를 세우고 실행하고 점검하는 것도 그 일환이에요.

한 달간 생활하고 싶은 일상 시간표를 그려본 뒤, 아래에 그달의 목표나 큼직한 계획을 적어요. '밤 12시 전에 자기'와 같은 단순한 목표일 때도 있었고, '매일 한 시간씩 운동하기'처럼 도전이 필요한 목표일 때도 있었습니다. 새해마다 '올해야말로 기필코 다이어트에 성공할 거야'라며 매년 실패했던 목표를 다시 도전하는 것처럼 계획을 세우면 매달 도전할 수 있는 기회가 생긴답니다.

이 목표는 루틴 트래커를 만드는 데에도 도움이 됩니다. 앞에서 이야기한 '루틴 만들기' 기억하나요? 물론 계획을 세웠다고 해서 오전 10시까지 늦잠을 자던 사람이 하루아침에 아침 6시에 일어나는 마법 같은 일은 생기지 않아요. 한 달 동안 목표를 의식하며 일상에 조금씩 변화를 주는 거예요. 작심삼일 하더라도 다음 날 한 번 더, 며칠을 연달아 실패하더라도 다음 주에 한 번 더 시도해보자고요.

이달의 시간표는 어떻게 한 달을 보낼 것인지 계획하고 마음을 다잡는 용도인 동시에, 앞으로의 타임테이블과 비교할 기준점이 돼요. 종종 하루의 타임테이블과 이달의 시간표를 비교해보면, 처음의 계획과 현재의 내 삶에 어떠한 차이가 있으며 어떠한 변화가 필요한지 확인할 수 있어요. 하나하나 비교 분석해보지 않아도, 동그란 시간표 두 개를 놓고 보면 눈에 보일 거예요. 그러면 다음 날은 조금 다르게 살아보고, 그다음 날엔 또 다른 도전을 할 수 있습니다.

한번은 밤 12시 전에 자는 것을 목표로 세웠던 달이 있었어요. 늦은 새벽녘 잠자리에 드는 스타일이라 의도적으로

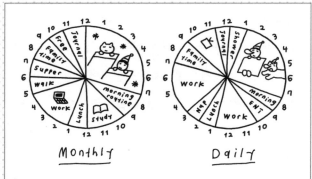

Monthly   Daily

✎ 먼슬리와 데일리를 비교해보면 변화된 내 삶을 확인할 수 있어요.

조금씩 일찍 침대에 누워 보았지요. 목표를 위해 안간힘을
쓴 건 아니지만, 저도 모르게 계획표를 따라가려고 노력하
더라고요. 관성을 따라 그만두고 싶어질 때는 작심삼일을
반복했어요. 작심삼일이 끝나면 또 작심삼일을, 그렇게 두
달쯤 했을까? 저는 밤 12시가 되면 일과를 마치고 침대에 눕
는 사람이 되어 있더군요(여전히 잠드는 것까지는 어렵지만요).

목표를 실제로 이루어가는 경험은 목표의 난이도와 상관
없이 마음속에 차곡차곡 쌓여갑니다. 마음속에 쌓인 작은
성공들이 모여 단단해지면, 유혹이나 귀찮음 같은 돌멩이
가 굴러와도 쉽게 무너지지 않을 거예요!

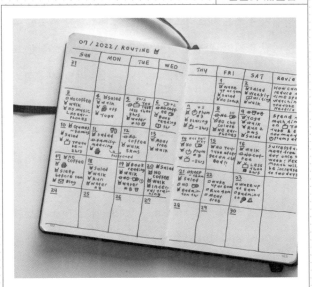

먼슬리 체크업은 앞서 소개한 루틴 트래커와 비슷하지만 좀 더 간단하고 작은 목표를 다룹니다. '목표'라고 부르기에는 너무 사소하지만, 쉽게 바꾸기엔 어려운 루틴들이죠. 루틴 트래커는 루틴으로 삼고 싶은 목록들을 쭉 쓰는 거라면, 먼슬리 체크업은 매일 큼직한 목표 한두 개를 정하고 도전하는 기록표라고 할까요? 사소하긴 해도 꾸준히 실천해야 하니 목표라고 봐도 무방한 것 같아요.

아침마다 쓰는 체크리스트도 먼슬리 체크업과 비슷한 유형이긴 하지만, 완전히 달라요. 먼슬리 체크업이 루틴 트래커처럼 목표를 설정하고 지켜내는 것이라면, 체크리스트는 하루의 투 두TO DO 리스트거든요.

먼슬리 체크업에는 거창하고 획기적인 목표가 아니라, 사소하지만 평소 잘 하지 않는 목표를 설정합니다. '커피 없는 일주일', '고기 없는 월요일', '주 3일 달리기'처럼요. 보통 하루에 세 개 정도의 목표를 정하는데, 많게 느껴진다면 하루에 하나씩만 해도 좋아요. 중요한 건 꾸준히 해내는 것이니까요.

목표를 달성하면 해당 목표에 체크(√)합니다. 그래서 체크업Check-up이라고 부르고 있어요. 비슷한 유형의 기록이니 루틴 트래커나 먼슬리 체크업 중 하나만 해도 괜찮아요. 저는 번갈아 가며 쓴답니다. 쓰고 있는 게 많아 기록이 복작복작할 땐 먼슬리 체크업으로 간단하게 관리하고, 집중해서 습관화할 필요가 있을 땐 루틴 트래커를 사용해요. 한 가지 유형으로만 기록하기보다는 기록하는 방식에 가끔 변화를 줘보세요. 질리지 않고 기록을 지속하는 데, 도움이 된답니다.

먼슬리 체크업에 팁을 하나 주면, 가장 오른쪽에 한 칸을 더 만들어 리뷰를 해보세요. 목표를 세우고 도전했으니 결과를 기록해야죠. '미디어 보는 시간을 줄이려면 어떻게 해야 할까?', '일주일 중 하루 고기 먹지 않기 성공! 다음 주에는 이틀로 늘려보자', '평소보다 산책 시간이 줄어든 것 같아 걷기 목표를 세워보는 게 좋겠다'와 같이 한 주간 체크업을 마친 후기를 적어봅니다. 이 피드백을 참고해 목표를 조정하며 쌓아간다면 조금씩 나아가는 내 모습을 발견할 수 있을 거예요.

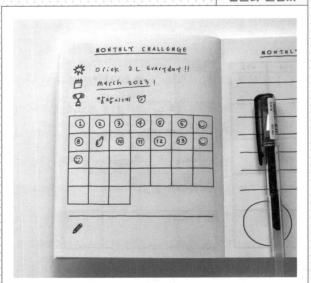

먼슬리 체크업이 하루하루 매일의 목표를 지키는 한 달짜리 기록이라면, 먼슬리 챌린지는 한 달간 한 가지 목표에 도전하는 기록입니다. 한 달 30(31)일을 보여주는 네모 칸이 똑같이 그려져 있어도 달력 모양새는 아니에요. 같은 월별 기록이지만 구성이 완전히 다르죠. 달력보다는 '참 잘했어요' 칭찬 도장을 모으는 표랄까요? 기록은 성공한 날만 체크하면 됩니다.

제가 쓰는 먼슬리 챌린지에는 다음 세 가지 항목이 들어가요.

1. 목표
2. 기간
3. 보상reward

첫 번째는 한 달간 도전하고 싶은 목표를 적는 거예요. 새 해가 되면 올해의 목표를 세우는 것처럼 이달의 목표를 정 해요. '콜라 먹지 않기', '아침 6시 기상하기', '욕하지 않 기', '토익 850점 받기', '매일 한 번씩 소리내어 웃기' 등 너무 사소한 것보다는 조금 더 신경 써야 하고, 일상적이 지 않은 것으로 정해봅시다.

목표를 정했다면 기간을 정합니다. '먼슬리'기 때문에 보 통 기간은 한 달로 잡습니다. 달이 시작할 때 해당 월의 숫 자를 쓰고 칸을 매일매일 체크하는 거죠. 해당 월의 날짜 수만큼 칸을 만들면 됩니다. 체크하기 쉽게 일주일 단위로 일곱 칸씩 그려주는 게 좋아요.

마지막으로 리워드는 내가 나에게 주는 보상입니다. 먼슬리 챌린지에 성공했다면 가지고 싶었던 것이나 하고 싶었던 일을 할 수 있도록 나에게 선물해보세요. 가격이 부담스러워 장바구니에만 넣어둔 것들, 딱히 쓸모는 없지만 갖고 싶어 고민했던 것들, 물질이 아니어도 좋으니 나에게 주는 여유 시간, 전시회 관람, 좋아하는 사람과의 특별한 만남 같은 것들을 준비해보세요.

제가 했던 먼슬리 챌린지 보상 중 가장 기억에 남는 건 오래된 중고 아이폰 '3gs'였어요. 중학생 때 썼던 첫 아이폰이라 추억이 담겨 있기도 하고, 원래 오래된 빈티지 아이템을 좋아하거든요. 중고라 가격이 비싸지는 않았지만, 쓸데없는 곳에 돈을 쓰는 것 같아 마음속에 고이 담아 두고만 있었는데, 어느 날은 먼슬리 챌린지 보상으로 이걸 받고야 말겠다고 다짐했어요. 매일 챌린지를 해내는 건 어려웠지만, 가지고 싶은 게 생기니 결국 성공하더라고요. 스스로에게 주는 선물도 좋았지만, 챌린지에 성공하고 받은 보상이라서 기분이 더 좋았답니다. 가끔의 보상은 동기부여가 되기도 하니까요!

챌린지를 체크하는 방법은 다양해요. 평범한 브이(v) 표시가 될 수도, 웃는 얼굴이나 날짜(숫자)를 쓸 수도, 아니면 매일 다른 아이콘을 그릴 수도 있어요. 나만의 방식으로 성공한 날과 실패한 날을 체크만 하면 돼요. 혹 실패했어도 바로 포기하지 마세요. 이건 비밀인데, 저도 두 번까지는 봐주거든요!

✎ 나만의 아이콘을 활용해 챌린지를 체크해보세요.

'왜 이렇게 도전광처럼 목표를 세우는 거야?'라고 생각할 수도 있지만, 저는 성취의 경험이 쌓이면 인생을 대하는 태도에 많은 변화가 일어난다고 생각합니다. 그리고 기록이야말로 나의 변화를 이끌고 확인하기에 아주 좋은 방법이죠.

대부분은 목표가 생기면 과정을 건너뛰고 달성이라는 공을 한 번에 손에 넣고 싶어 해요. 하지만 그럴 수 없다는 것을 우리는 잘 알고 있지요. 이를테면 영어를 잘하기 위해서는 꾸준히 공부할 수밖에 없어요. 낯선 단어를 외우고, 어색하지만 문장을 만들어보고, 영어로 대화하는 연습을 해야 하죠. 매일 꾸준히 공부해도 수직 상승하지 않는 실력에 실망하는 순간도 찾아오고요. 인생은 버튼 누르듯 완성되지 않으니까요.

그러니 아주 작은 도전과 아주 작은 성공으로 과정에 익숙해 져보세요. 재미있다고 느껴지면 할 만하다는 생각이 들 거예요. 명확한 결과물이 없는 것 같아도 챌린지 표를 보면 내가 얼만큼 시도하고 노력했는지 그 과정을 알 수 있으니, 한 번 더 스스로를 격려할 수 있습니다.

MONTHLY CHALLENGE

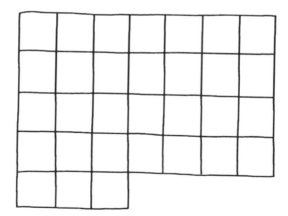

Chapter 2

기록이
취미가 된다면

사람들은 모두 자기만의 방법으로 자신을 표현합니다. 그림을 그리거나, 조각하거나, 글을 쓰거나, 춤을 추기도 해요. 나이를 먹으면서 나를 표현하는 방식은 점점 다양한 과정을 거치며 자신에게 가장 적절한 방법으로 정착하게 됩니다.

저는 손으로 하는 것이면 무엇이든 좋아했어요. 청소년기에는 그림을 그렸고, 성인이 되고 나서는 글을 썼어요. 꾸준히 나를 기록하다 보니 자연스럽게 저에게 가장 재미있고 편안한 표현 방법이 글이라는 것을 알게 되었습니다. 여전히 그림을 그리고 종이를 오려 붙이지만, 하얀 종이를 앞에 두고 펜을 쥘 때면 가장 편안한 모습의 나를 마주하게 됩니다.

하지만 열심히 살아가다 어느 날 번아웃이 오거나 하던 일에 질리기도 하는 것처럼, 기록을 사랑해도 가끔은 환기가 필요합니다. 제가 찾은 방법은 취미 일기예요. 일상적인 기록과 다르지만 그렇다고 완전히 동떨어져 있지는 않아요. 일상의 익숙함과 비일상의 특별함을 합친 것이랄까요? 별거 아니라고 느꼈던 것에 의미를 부여하고, 온 정신을 집중해 중요하게 여기던 것을 잠시 내려놓는 시간이에요.

스물한 살 때, 파리에 있는 오랑주리 미술관에서 여섯 시간을 내리 앉아 모네의 그림을 본 적이 있어요. 기분이 참 이상했지요. 이 그림을 등지고 나선다는 게 말도 안 되는 일처럼 여겨졌거든요. 감동과 울림이 마음속에 가득했고, 미술관 출구를 등지고 앉아 정리되지 않은 생각을 줄줄 적었습니다. 너무도 추상적인 글이라, 나 이외의 사람은 이해할 수 없을 것 같은, 감정이 꾹꾹 담긴 글이었죠. 기존에 쓰는 일기와는 다른 방식의 다른 내용의 글이었지만, 일상에서 미처 알아챌 수 없었던 제 생각을 가득 담을 수 있었습니다.

취미 일기는 취미로도 기록할 수 있다는 것이지, 단순하고 가벼운 기록이라는 뜻은 아니에요. 취미 일기를 계속 쓰다 보면 나를 관리하고 정리하는 일까지 가능해지거든요. 마치 취미로 매일 그림을 그리면 그림 실력이 느는 것처럼요! 제가 쓰는 취미 일기를 보면서 나는 어떤 것을 취미 일기로 기록할지 한번 고민해보세요.

여행 일기

여행하다 보면 몰랐던 나의 모습을 마주하거나, 난생처음인 것들을 경험해요. 새로운 언어와 공간은 익숙한 내 모습이 아닌, 정돈되지 않은 나를 꺼내 주고는 합니다. 말로 설명하기 힘든 감정을 느끼기도 하고, 그동안의 고민들이 모두 정리되기도 하지요. 긴박한 상황에서 튀어나오는 나의 연약함이나, 있는 줄도 몰랐던 깊숙한 곳의 속마음을 듣는 경험도 합니다.

무엇보다 그곳에서 만나는 낯선 사람들을 거울삼아 나 자신을 비춰보게 돼요. 그래서 여행지에서 쓰는 일기는 아주 특별합니다. 그 장소와 그 시간이 아니었더라면 얻을 수 없는 것들을 담은 기록엔 글자 이상의 것들이 담기기 때문이에요. 햇빛을 받아 반짝거리는 바닷가와 미술관을 울리는 발걸음 소리, 길을 걷다 만난 고소한 버터 냄새 같은 것들 말이에요. 별거 아닌 사소한 마주침도 아름다운 추억이 되는 것, 그것이 바로 여행입니다.

여행 일기는 저에게 가장 틀이 없는 기록이었어요. 매일 일기를 쓸 땐 타임테이블이나 체크리스트, 그날의 생각을 적는 등 나름 체계적인 방식이 있지만, 여행할 땐 늘 색다른 일기를 쓰게 되더라고요. 낯선 장소에 왔으니 종일 걸었던 거리를 지도로 그려보고, 갑자기 떠오른 생각들을 페이지 수에 구애받지 않고 기록하고, 처음 접하는 음식과 새로운 경험들을 그림으로 표현해요. 글자 하나 없이 마음에 들었던 식당의 영수증을 달랑 붙여버린 날도 있답니다.

여행하는 동안 기록하는 다양한 사람들을 만났어요. 독일에서 만난 친구는 '난 기록하는 타입은 아니야'라고 말했지만, 매일의 사진을 인스타그램에 업로드하더군요. 그런데 이것도 기록입니다. 기록이라고 해서 꼭 글일 필요는 없으니까요. 여기서는 저만의 '여행 기록법'을 소개해볼게요.

Level O

 Collection

기록이 되는
수집

온통 낯설고 새로운 것들로 가득한 여행지에 가면 제가 가장 먼저 모으는 것이 있습니다. 바로 '영수증'이에요. 한국에서는 '영수증 드릴까요?'라고 묻기도 전에 '영수증은 버려주세요'라고 말하기 일쑤였는데, 여행 중에는 영수증도 특별하게 느껴져요. 아마 낯선 언어로 가득 차 있기 때문이겠죠.

시간이 지나면 담긴 내용은 빛바래 자세히 들여다보지 않을 종이 쪼가리에 불과한데, 왜 수집하는지 묻는다면, 이렇게 대답할 거예요. '흔적' 때문이라고. 마음에 새겨지는 흔적 말고, 손으로 만질 수 있는 흔적은 생각보다 많지 않아요. 그래서 그런지 손에 잡히는 흔적을 기록으로 남겨두고 싶은 마음이 크게 작용한 것 같아요.

저에게는 여행하며 느낀 순간의 감정이나 잊지 못할 에피소드를 기록하는 건 정말 즐거운 일이지만, 쓰는 여행 일기가 끌리지 않는 분께는 스크랩을 추천해요. 여행에서 돌아오면 가방에 구겨진 영수증들이 잔뜩일 겁니다. 그중 의미 있는 것들을 추려내보세요. 맛있었던 레스토랑, 감탄을 멈추지 못했던 기념품숍, 난생처음 써보는 독일의 코인 세탁방 영수증 등등. 기억에 남을 만한 곳들의 영수증을 골라보아요.

마음에 들었던 카페에서 영수증을 받지 못했다면 그림으로 그려보는 것도 좋아요. 자세하게 그리지 않아도 괜찮습니다. 핵심은 디테일이 아닌, '무엇에 관한 것인지'거든요. 일기장에 직접 적어도 좋지만, 메모지에 써서 붙이면 스크랩한 느낌이 더 날 거예요.

영수증 말고도 손에 남

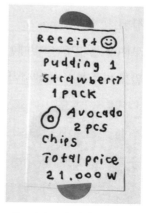

✏️ 직접 그린 여행지 영수증

는 흔적이 있는데, 바로 티켓이에요. 입장권, 비행기표, 혹은 기차나 버스 티켓이요. 해외여행을 하고 돌아오면 영수증만큼 주머니 한가득 티켓이 생긴답니다. 주로 종이로 된 일회용권을 사용하기 때문이죠. 우리나라는 현금을 받지 않는 버스가 도입될 정도로 카드 사용에 익숙하지만, 아직도 많은 나라에서는 종이 티켓을 사용하고 있습니다.

프랑스의 교통권은 작고 길쭉한데, 독일의 교통권은 큰 직사각형이에요. 나라마다 모양도 달라 여행의 추억을 남기기 좋아요. 저는 티켓들을 다이어리에 붙이거나 클립으로 페이지 상단에 끼워 놓고, 어디를 다녀왔는지 함께 적어줍니다.

여행 스크랩을 할 때는 가장자리가 닳고 구겨지기 쉬워도 다이어리 사이사이에 끼워 넣어 해당 날짜에 보관

 프랑스 일회
용 교통권

하는 저 같은 사람과, 스크랩할 것들을 따로 모아 파일에 안전하게 보관하는 사람으로 나뉘더라고요. 물론 아무것도 스크랩하지 않는 사람까지, 셋으로 나뉜다고 봐야 맞겠지만요. 같은 스크랩도 사람에 따라 다르게 남는다는 게 기록의 묘미인 것 같습니다.

글로 남기는 여행 일기의 맛도 구겨지면 구겨진 대로, 잘못 그리면 잘못 그린대로, 오타가 나면 오타가 난 대로 계속 쓰는 거예요. 마음이 가는 대로 적고, 노트 모서리가 닳는 것을 신경 쓰지 마세요. 갑자기 번뜩이는 생각을 적거나, 예상치 못하게 계획이 수정되는 경우가 많아 하나하나 수정된 부분을 지우는 게 번거롭거든요. 무엇보다 여행에서 흠집 없이 다이어리를 들고 다니는 것은 어려운 일이기도 하고요.

처음에는 이러한 부분들이 신경 쓰일지 몰라도 꾸준히 기록하다 보면 어느 순간 '기록'에 더 집중하게 될 거예요. 사소한 부분들은 신경 쓰지 않게 되죠. 굳이 하지 않아도 괜찮은 일들을 내려놓는 연습이 된 것 같달까요? 항상 반듯하고 깔끔하게 쓰는 걸 추구했지만, 손이

가는 대로 기록할 수 있는 것도 그 덕분입니다.

이제는 번진 잉크, 삐져나온 선, 오탈자도 여행의 일부라 여겨져요. 여행은 다이내믹하고 자유로운 일들로 가득하니, 여행에서 쓰는 일기도 그런 게 더 어울리는 것 같지 않나요?

저는 일기 쓰기와 스크랩을 동시에 하는데, 앞서 말한 것처럼 일기를 쓴 페이지 한편에 붙이거나 끼우는 방식으로 스크랩하곤 합니다. 영수증이나 티켓은 작고 얇아 책갈피처럼 끼워져 있어도 그다지 방해되지 않거든요. 물론 이렇게 작은 것들만 스크랩하는 건 아니에요. 여행하다 보면 가끔 손바닥만 한 다이어리에는 어림도 없는 큼직한 것들이 생기기도 하거든요. 이를테면 지역 지도라든가, 차가 잘 다니지 않는 마을의 버스 시간표 같은 것들이요.

여행하다 보면 종종 스마트폰 배터리가 다 되거나 인터넷이 뚝 끊기는 상황을 만나기 때문에 지도는 필수로 챙겨 다닙니다. 지하철이나 관광 명소가 표시되어 있는 지도는 돈을 주고 사야 하지만, 보통은 머무는 숙소에서 무료로 지도를 나눠주니 구하기에 그리 어렵지 않아요. 다만, 이런 건 크기가 크고 두꺼워서 영수증처럼 일기장에 붙일 수는 없어요. 이럴 경우 고이 접어 캐리어 바닥에 보관했다가 집으로 돌아온 후 파일에 차곡차곡 넣어 보관합니다.

저는 여행지마다 스크랩을 묶어 정리하는 편이라 파일을 열어볼 때면 추억 여행에 빠지고는 해요. '그때 그랬지, 이곳에 갔었지, 그곳에선 어떤 일이 있었지.' 이런 내용들이 어디에 쓰여 있지 않는데도, 그때의 기억이 내

✎ 여행지에서만 볼 수 있는 동네 지도들은 다이어리에 스크랩하기에는 크기가 커서 따로 보관하고 있어요.

안에 고스란히 남아 있어 그곳에서 가져온 것들을 보는 것만으로도 자연스럽게 떠오르게 됩니다.

시간이 지나면 자연스레 휘발되는 기억을 굳이 다 잡아둘 필요는 없어요. 그 흔적들은 어딘가 남아 있다 어느 날 문득 떠오를 거예요. 그러고는 나에게 위로가 되어준 뒤 다시 사라지겠죠? 기록은 그것을 더욱 선명하게 만들어줄 거예요.

발자국을
따라가다 보면

　여행은 가장 비일상적인 것이에요. 그럼에도 일상을
살아갈 때 오래 남는 것 중 하나입니다. 행복하고 인상적
인 기억 하나가 원동력이 되어 삶을 살아가게 하기도 하
거든요. 때론 마음이 지치고 무거울 때 넘어지지 않게 붙
잡아주는 힘이 되기도 하죠. 생각보다 재미없었다고 실
망하는 경우도 있지만, 그렇다고 해서 그 여행이 별것 아
닌 일이 되지는 않아요.

　여행을 업으로 삼아 자주 여행하거나 장기적으로 머
무르는 것이 아니라면, 잠시 떠난 여행지에서는 모든 길
이 새로워요. 같은 길인 줄 알았는데 자세히 보니 다른
길이고, 가까운 줄 알았는데 상당히 거리가 있지요. 여행

지에서의 하루를 기록하는 가장 좋은 방법은, 오늘 걸었던 길을 그려보는 거예요.

가장 먼저 집을 그립니다. 아침을 맞이한 곳부터 시작하는 거예요. 오늘 아침에 숙소를 나서서 해가 지고 다시 돌아올 때까지, 내가 다녀온 곳을 떠올려봅니다. 타임라인을 거슬러 올라가듯 곰곰이 떠올려보면, 궁전을 방문했다가 젤라토 가게에 들러 아이스크림을 사 먹고, 날씨가 좋아 걸어서 쇼핑몰에 갔던 것 같아요. 종이 위를 길이라고 생각하고, 간략하게 하루의 지도를 그려보는 거죠.

목적지까지 걸어갔다면 신발 모양을 그리거나, 글자로 '걷기walk'를 적어줘요. 지하철을 탔다면 지하철 모양을, 버스를 탔다면 버스 모양을 그려봅니다. 산책했다면

✎ 이날은 숙소에서 나와 걸어서 궁전에 갔네요. 젤라토 가게에 갈 때는 가수 오아시스의 노래를 들었나 봐요.

걸었던 만큼의 거리(km)를 적어주는 것도 괜찮은 방법이에요. 이동하는 길에 노래를 들었다면 노래 제목을 넣는 것도 좋고, 친구와 이야기를 나누었다면 무슨 내용이 있었는지 간략하게 써보세요. 누구와 함께 있었는지 적는 것도 괜찮고요. 작은 디테일들을 더하면 마치 한 편의 그림책을 완성하는 기분이 든답니다.

관광지에 방문하면 습관처럼 사진을 찍는데, 찍었던 사진을 따라 그려보는 것도 좋은 방법이에요. 기둥 하나, 창문 하나 자세히 그릴 필요 없이 선을 최소화해서 그리는 게 보기에도 좋습니다. 장소의 특징만 들어간다면 아주 간단한 그림으로도 추억 가득한 지도를 완성할 수 있어요.

어디를 다녀왔는지 기억나지 않는다면 구글맵을 열어보세요. 지도를 보면서 어디를 다녀왔는지 체크해보고, 간단하게 따라 그려보는 거예요. 세세하게 모든 길과 주변까지 그릴 필요는 없어요. 오늘 내가 다녀온 곳, 걸었던 길, 기억하고 싶은 장면만 기록해도 쓸 내용이 아주 많을 거예요.

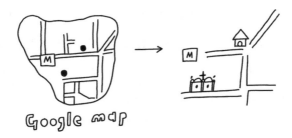

Google map

　가끔은 기차 노선도를 따라 큰 지도를 그려보는 것도
재밌어요. 아래는 스위스 여행을 했을 때 그린 지도인데,
숙소가 있던 인터라켄을 시작으로 이틀간 다녀온 기차
역들을 적어보았어요. 첫날에는 왼쪽으로 반원을 그려

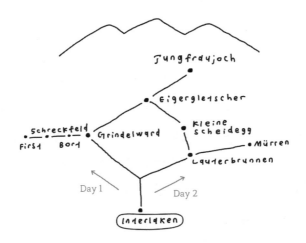

융프라우까지 갔고, 다음 날에는 반대쪽으로 쭉 올라갔답니다. 기차가 지나는 길이 전부 산이라 뾰족한 산등성이를 그려주었어요.

짠! 이렇게 하면 이틀간의 여행이 손바닥만큼 작은 노트에 담깁니다. 추억 여행을 떠나고 싶을 때나, 다시 또 그곳에 방문하게 되었을 때 이 여행의 기록이 새록새록 떠올라 도움이 될 거예요. 빛바랜 기억은 때때로 마음에 울림을 주지만, 떠올리고 싶어도 이미 희미해진 기억은 꺼내볼 수 없으니, 기록의 힘을 빌려보는 게 어떨까요?

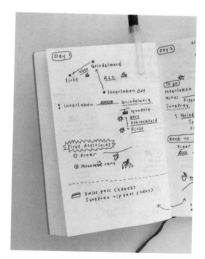

내가 걸었던 발자취를 따라 기록해보세요. 다시금 여행했던 기억들이 떠오를 거예요.

나만의
여행 가이드북

저는 분야에 상관없이 무언가를 할 때 3단계를 적용해요. 바로 준비, 실행, 완료입니다. 사진을 찍을 때는 카메라를 준비하고, 사진을 촬영한 다음, 촬영한 사진들을 확인해요. 공부할 때도 마찬가지죠. 공부 계획을 세우고, 공부하고, 오답 노트를 정리합니다. 여행을 갈 때는 여행 계획표를 만든 다음, 여행을 즐기고 돌아와, 여행지에서 가져온 것들을 정리해요. 정리까지 마쳐야 하나의 과정을 잘 마무리했다고 여겨지거든요.

리뷰는 기록에서 정리 단계에 속해요. '리뷰'라고 하면 거창한 느낌이 들지만, 느낀 점을 적는 단순한 행위예요. 숙소 리뷰, 식당 리뷰, 미술관 리뷰, 액티비티 리뷰 등

등. 오늘 점심에 다녀온 식당의 음식 맛은 어땠는지, 분위기는 따뜻했는지, 시끌벅적했는지, 서비스가 훌륭했는지 등의 간단한 후기를 남기는 것이지요.

모든 리뷰는 다른 느낌, 다른 깊이, 다른 의미를 가져요. 식당 리뷰는 대체로 가볍고 재미있으면서 음식의 맛과 취향에 대해 적는 경우가 대부분이에요. 그에 반해 미술 작품 리뷰는 좀 더 무게감 있고 상세합니다. 작품을 보고 느낀 추상적인 생각이 여과 없이 드러나는 소감문이 되거나 인상 깊었던 작품을 따라 그려보는 시간이 돼요. 리뷰라고 해서 다 같은 리뷰는 아닌 셈이죠.

때문에 그동안 썼던 리뷰들을 모아보면 나만의 가이드북을 완성할 수 있습니다. 아주 주관적인 내용이라 내 생각을 스크랩한 것이라고 볼 수도 있겠어요.

'오랑주리 미술관, 모네의 수련 연작이 참 좋았다. 모네는 어떻게 이렇게 큰 캔버스에 그림을 그렸을까?'

오랑주리 미술관을 방문했을 때 다이어리 끄트머리에 남겼던 리뷰예요. 리뷰라고 해서 꼭 이건 어땠고 저건 어땠고, 반드시 평점을 매기듯 작성해야 하는 게 아니니 편하게 적어보세요. 한두 줄 짧은 메모를 남긴다고 생각해도 좋아요. 인상적이었던 것에 집중해보는 거예요. 내 마음에 울림을 주었거나 감동적인 것, 즐거웠거나 놀라웠던 것은 무엇이었는지 떠올려보세요. 일기든, 메모든, 리뷰든 기록이라는 커다란 틀 안에서 내 마음대로 역할을 부여할 뿐이지, 결국은 모두 내 안에서 나온 생각들입니다.

한 달 넘게 여행하며 슬슬 한식이 그리워질 때쯤 한식당을 방문했습니다. 유명한 식당이나 맛집을 찾아보는 타입은 아니어서 구글맵으로 주위에 있는 한식당을 찾아갔습니다. 돌아와서 다이어리에 적어둔 리뷰를 보니 마음에 들지 않았던 모양이에요. 별점에 후한 편이라 대부분 만점을 주는데도, 이 식당은 절반을 겨우 넘긴 점수

○││ 한식당 ★★★
순두부 찌개 ⬭ ⊖ ○││ 육회돌솥비빔밥 ⬭
양념은 강한데 맵지는 않았다 ⬭
밑반찬이 맛있음! 육회가 익어서 불고기가 되었다!

이니 말이죠. 누구에게 공개되는 평점이 아니니 느끼는 대로 남길 수 있습니다.

사람은 매우 많은 부분을 느낌에 의존해 살아갑니다. 실제로 무엇이 어떠하다 보다, 내가 어떻게 생각하느냐 가 더 중요하다고 할 수 있죠. 시간이 지나고 보면 그때 왜 그렇게 느꼈는지 이해가 안 되는 일들도 있고, 내 자신 이지만 낯설게 느껴지거나 부끄러워질 때도 있습니다.

그래서 기록은 저에게 도움이 많이 됩니다. 순간의 감 정이 아니라 그 속에 들어 있는 나의 본심을 읽을 수 있 거든요. 당장은 모를지라도 시간이 지나면 분명 보일 거 예요. 적어두지 않으면 머릿속에서 금방 사라지고 말, 스 쳐 지나가는 수많은 것들처럼 기억 저 너머로 흩어져버 리게 내버려두지 마세요.

**여행지 숙소에서
고려해야 할 것들**

여행지에서 숙소는 아주 중요한 역할을 담당합니다.

잠시 몸을 맡길 장소이자 사람들을 만나는 곳이며, 여행에서 나의 전반적인 컨디션을 결정하지요.

여행하다 보면 다양한 숙소에 머물게 됩니다. 에어비앤비, 호텔, 게스트하우스, 호스텔, 그리고 해외라면 한인 민박도 있을 거예요. 지인의 집에 머물기도 하고, 침대 하나 놓인 작은 여관에 숙박하기도 합니다. 숙소마다 장단점이 다르고, 풍기는 분위기도 달라요. 머무는 사람들의 목적도 다르기 때문에 숙소에 따라 만나는 사람들도 완전히 달라지지요.

낯선 사람들과 교류하는 것을 좋아하는 저는 호스텔을 즐겨 이용합니다. 홀이나 주방에서 우연히 사람들을 만나 함께 이야기하는 것이 어찌나 즐겁던지요. 그곳에서 만난 친구들과 꾸준히 연락하며, 다시 그 나라에 방문해 만난 적도 있어요. 숙소 리뷰는 기억을 더듬어 추억을 회상할 수 있게 해줘서 아주 큰 즐거움을 준답니다.

저는 항상 여행 일기에 숙소의 가구 배치를 기록하고 화장실 평점을 매기는데, 그간의 숙소 리뷰를 모아 쭉 돌아보면 앞으로의 숙소 선정에 도움이 되더라고요. 일기를 꺼내 보니 침대가 푹신하고 환기가 잘 된다는 이야기보다 '화장실 방음이 되지 않는다', '네덜란드 사람들은 키가 커서인지 변기가 높다'와 같은 내용들이 더 많았습니다. 리뷰 기록 덕분에 저에게는 숙소의 화장실 컨디션이 중요하다는 걸 알게 되었지요.

지난겨울 유럽 여행을 갔을 땐 샤워기가 눈에 들어왔어요. 여행할 때마다 늘 한두 개 정도 신경 쓰게 되는 부분이 있는데, 이번에는 샤워기였나 봅니다. 저는 샤워 호스가 연결된 샤워기를 선호하거든요. 해바라기 형태의 샤워기는 머리를 감지 않고 샤워만 할 때 불편하고, 머리부터 발끝까지 물을 묻히기가 어렵게 느껴진달까요. 키가 작은 저에게는 샤워라기보다 비를 맞는 느낌이었어요. 그래서 숙소마다 샤워기가 어떤 형태인지를 기록했죠. 샤워기의 형태 말고도 세면대의 크기나 변기의 높이(특히 북유럽에서요), 화장실의 방음 정도, 세탁 비용 등도 기록합니다.

영국 런던에서는 콘센트 모양이 달라 다른 단자끼리 연결해주는 컨버터를 사용해야 했는데, 숙소 콘센트 아래에 선반이 달렸지 뭐예요. 선반 때문에 컨버터를 쓸 수 없어서 침대에서 멀찍이 떨어진 벽에 쭈그리고 앉아 스

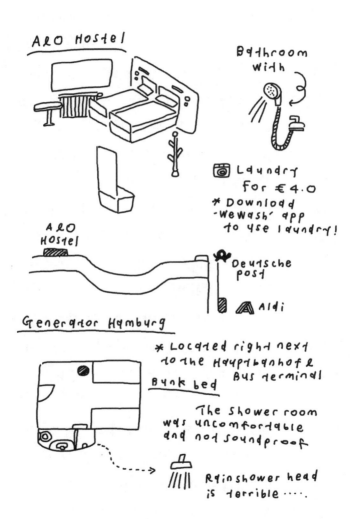

ALO Hostel

Bathroom with

Laundry for €4.0
* Download 'Wewash' app to use laundry!

ALO Hostel

Deutsche post

Aldi

Generator Hamburg

* Located right next to the Hauptbanhof Bus terminal

Bunk bed

The shower room was uncomfortable and not soundproof

Rainshower head is terrible·····

Generator Paris

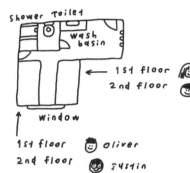

shower Toilet

wash basin

1st floor
2nd floor

window

1st floor 😊 oliver
2nd floor 😊 justin

Finally !!!

Toilet is not
ventilated at all
and smells aw-
ful…. But the
bed is rlly soft!

You can only
open the window
this much every-
where in Europe.

 We use an outlet
that looks like this
in Korea

But this type of
outlet is used here.

I brought an outlet converter,
but I couldn't ~~the~~ plug it in
because of the bedside shelf 😣

 ← Bedside
shelf

 gonna be bumped
!!!

마트폰을 충전해야 했어요.

어쩌면 쉽게 잊어버릴 수 있는 사소한 것들이지만, 기록하면 언제든 인생의 조미료가 되는 맛있는 추억이 된답니다. 여러분도 수백 장의 사진만 남기기보단 색다른 여행 리뷰를 남겨보는 건 어떨까요?

: 여행 일기 쓰기 :

/ /

식사 일기 ㎖

제가 루틴만큼 주기적으로 점검하는 건 식사 기록이에요. 식사를 챙기는 건 나를 챙기는 것과 같습니다. 무엇을 먹을지 고민하고, 준비하고. 식사 시간을 지키는 게 별것 아닌 것 같아 보여도 누가 챙겨주지 않은 이상 일상에서 스스로 해내기에는 상당히 어려운 과제예요.

요즘은 다이어트나 건강을 위해 식단 관리를 하는 사람들이 많을 거예요. 추적 관찰을 하기에 식사 일기만 한 게 없죠! 식사를 기록하면 내가 얼마나 나를 신경 썼는지 확인할 수 있습니다. '지난주에는 정신없이 바빠 밥을 많이 걸렀구나', '패스트푸드를 많이 사 먹었네', '배달이 잦았어', '오, 이번주는 그래도 식단을 잘 지키고 있었네' 하고요.

자기 관리를 위한 기록이긴 하지만 식사 일기는 계획하고 지켜야 하는 일정 관리처럼 항상 기록하는 것은 아니기에 취미 일기 카테고리로 담았습니다. 여기서는 단순하게 먹는 것만 기록하는 게 아닌, 좀 더 재미있게 식사 일기를 쓰는 법을 알려드릴게요.

Level 1

 Monthly Meal

나를 배불리
채워주고 있나요?

"밥 먹었어?"가 대화의 첫 질문일 정도로 우리나라 사람들은 유독 끼니를 중요하게 생각합니다. '밥심'이라는 단어도 있죠. 사실 한 끼 안 먹는다고 하루를 사는 데 큰 문제는 없지만, 그럼에도 끼니란 나를 움직이게 하고 상대의 안부를 묻는, 우리의 몸과 마음을 채워주는 힘이 있는 것 같아요.

저는 월별 캘린더나 위클리 노트에 무엇을 먹었는지 간단하게 적고 있어요(다이어트를 한다면 이야기가 달라지겠지만요). 삼시 세끼를 모두 적을 필요는 없고, 오늘의 대표 음식을 하나 골라 적어보세요. 세끼를 다 챙겨 먹기란 어려우니까요.

그림으로 그리면 더 간단해요. 어떻게 그려야 할지 난감하다면 스마트폰 아이콘을 참고하면 좋습니다. 검색 포털에 음식 이름과 '아이콘' 혹은 '일러스트'를 붙여 검색해보세요. 스파게티 아이콘, 햄버거 아이콘, 프라이팬 일러스트 등등.

아이콘은 간단하게 표현되어 있어 따라 그리기 좋아요. 여기서 포인트는 자세하게 그리지 않는 거예요. 평소에 그림 그리는 것을 좋아하는 사람이 아니라면 쌀 한 톨, 샐러드 이파리 하나하나를 표현하다 금세 지치고 말거에요. 잘못 그리면 그만두고 싶어지기도 하고요. 기록만 그런 것이 아니라, 뭐든 부담이 되면 흥미를 잃고 그만두기 쉽잖아요.

아이콘을 그려 넣었다면 어떻게 식사했는지 함께 기록해보세요. 날짜 옆 공간에 작게 표시해줍니다. 배달 음식을 먹었는지, 식당에 가서 외식했는지, 집에서 직접 요리해 먹었는지를요.

한 달이 지나고 캘린더가 가득 채워지면 나의 식사 패턴을 대략적으로 볼 수 있어요. 기록은 단 하나의 주제만을 담고 있지 않아요. 식사 기록을 하는 것만으로도 나의 컨디션이나 일정, 작은 습관 등 내 삶의 전반적인 상태를 확인할 수 있답니다.

저는 평소에 간편하게 조리할 수 있는 밀키트나 구운 음식을 먹는데, 요리하는 게 귀찮을 만큼 무기력하거나 작업이 많을 때는 배달 음식을 시켜 먹어요. 특히 작업 마감 기한이 다가올수록 식사 메뉴가 시리얼이나 샌드위치, 죽처럼 간단하면서 빨리 먹을 수 있는 배달 음식으로 채워지더라고요.

좋지 않은 식습관을 가지고 있을 땐 패스트푸드를 연달아 주문한 흔적도 남아 있어요. 커피를 너무 많이 마시는 것 같아 커피 마시는 양을 체크해보니 거의 매일 서너 잔을 마셨던 걸 확인하기도 했었지요. 하루하루 체크 표시가 늘어나는 걸 보며 '아, 이러면 안 되는데' 하고 생각하기도 했습니다.

HAPPY
APRIL **4**

SUN	MON	TUE	WED	THU	FRI	SAT
30						1 `eat out`
						📍 Mongol Town Dumpling soup
2	3 `eat out` Donkatsu	4 `ordered` fried chicken	5	6	7 `ordered` mart 치킨	8
9	10 `eat out` Napolitan pasta	11 `eat out` Donkatsu set menu	12	13	14 `ordered` yogurt icecream	15
16	17	18 `eat out` marketing	19	20	21 `ordered` 삼겹살구이	22
23	24	25	26	27	28	29

✎ 먼슬리 밀을 쓰면 나의 식사 패턴을 확인할 수 있어 식습관을 바로 기르는 데에도 도움이 됩니다.

이러한 기록을 통해 식습관을 바로잡아야겠다는 생각이 든다면 취미 일기를 넘어 자기 관리용 일기가 되는 거예요.

배달 음식을 줄이는
가장 쉽고 간단한 방법

가끔 먼슬리 밀을 보면 하루건너 하루 배달을 시킨 적도 있어요. 몹시 더웠던 여름에는 요리할 기운이 없어 대충 때운 적도 많았고요. 먼슬리 밀 기록을 눈으로 확인하면 내가 얼마나 내 몸을 챙기지 않았는지 직접적으로 느낄 수 있습니다.

결국 배달 음식을 줄이기 위해 한동안 '이달의 배달음식 사용권'을 만들었습니다. 먼슬리 밀 뒷장에 사용권을 그려 놓고, 배달 음식을 시킬 때마다 도장을 하나씩 찍어 사용권을 다 쓰면 배달 음식을 시킬 수 없도록 한 거죠.

얼마나 효과가 있나 싶겠지만, 나만의 룰일 뿐인데도

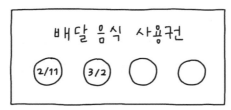

사용권을 만들어놓으니 신경 쓰게 되더라고요. 아직 말일까지 한참 남았는데, 사용권을 벌써 써도 될지 음식을 주문하기 전에 한 번 더 고민하게 하는 장치가 됩니다.

물론 한 주에 한 번씩 시켜 먹는다고 가정하고, 한 달에 네 번 주문할 수 있도록 나름 여유를 주었는데도 가끔은 모자라기도 하고, 연말 연초에 사람들을 집에 자주 초대했을 땐 배달 음식 사용권을 다 써서 다음 달 것을 외상으로 한 적도 있어요. 한 번 더 시키는 걸 가지고 굳이 외상이라고 생각하냐 할 수 있지만, 나와의 약속도 약속이니까요!

여러분도 한번 만들어보세요. 맥주 이용권, 야식 이용권, 요리 도전권 등등. 배달 음식 사용권 말고도 다양하게 만들 수 있습니다.

Level 1 🌙

 오늘도
잘 먹었습니다

식사 일기는 다양한 방식으로 쓸 수 있습니다. 먼슬리 밀처럼 하루 중 가장 기억에 남은 음식만 기록해도 되고, 미리 식단을 계획하거나 레시피를 적는 것도 괜찮아요. 물론 식사 일기의 가장 기본은 오늘 먹은 식사를 기록하는 것이지만요.

데일리 밀은 타임테이블을 쓰듯 오늘은 뭘 먹었지? 하고 떠올려보면 됩니다. 늦잠을 자버려 아침을 먹지 못한 날, 사내 식당에서 좋아하는 음식이 나온 날, 모처럼 저녁 외식을 한 날. 아침/점심/저녁으로 나누어 음식들을 기록해보세요.

그런데 매일 비슷한 메뉴를 먹는 직장인이나 혼자 사

는 경우에는 식사를 잘 챙기지 않아 매번 비슷비슷한 내용을 적는 게 의미 없고 재미없게 느껴질 수도 있어요. 그럴 땐 레이아웃을 바꿔보세요. 페이지 상단에 적었던 걸 하단으로 옮겨보거나, 가로로 쓰던 표를 세로로 바꿔보는 거죠.

혹은 다음과 같이 바꿀 수도 있어요. 둘 다 똑같은 내용인데 달라 보이지요? 시간을 아이콘으로, 음식 그림은 글로 바꿨을 뿐인데 색다른 느낌을 준답니다. 안에 들어있는 내용은 같아도 다른 포장지를 사용해보는 거죠.

Breakfast	Lunch	Supper
sand-wich & Banana	Fishcake soup	Pro-tein shake

Meal
- Sandwich & Banana
- Fishcake soup
- protein shake

✎ 비슷한 내용도 방법을 달리하면 쓰는 재미를 느끼며 오래 기록할 수 있어요.

　제가 주로 사용하는 방법은 다음과 같아요. 저는 간단하게 쓰는 걸 좋아해요. 왼쪽 표는 하루의 음료 섭취량을 기록한 표인데, 음료 섭취량 표에 디저트를 포함한 건 보통 차나 커피를 마실 때 디저트를 같이 먹기 때문이에요. 이날은 커피를 마시지 않았으니 아마도 차를 마시면서 와플을 먹었겠지요. 그날 내가 무엇을 먹었는지 잘 기억나지 않아도 이렇게 기록해두면 표만 봐도 대충 감을 잡을 수 있습니다. 머리가 기억하지 못하는 것을 다이어리가 대신 기억해주는 셈이죠. 몇 리터를 마셨는지, 음료 이름이 무엇인지까지는 저에게 별로 중요하지 않은 부분이라 굳이 기록하지 않았어요. 나에게 익숙하거나 관심 있는 것을 선택해서 기록하는 게 좋습니다.

water	////
Tea	//
coffee	NO
Desserts	waffle

porridge
Beef steak
peach!

표 옆에 있는 오른쪽 그림은 오늘 먹은 음식들이에요. 가장 위에 있는 그림은 죽인데, 죽처럼 보이나요? 일기는 쓴 사람만 알아볼 수 있게 그리면 되니 그림 실력은 딱히 중요하지 않아요. 제 다이어리에 담긴 식사 일기 속 밥이나 죽은 다 모양이 비슷하답니다. 사과와 복숭아, 자두도 큰 차이 없어 보이는 모양새고요.

가끔은 먹고 싶은 음식도 기록합니다. 집에서 요리해 먹을 계획이라면 어떤 재료가 필요한지도 써보고요. 레시피를 적는 것도 좋은 방법이에요. 인터넷으로 레시피

✏️ 비프 토마토 스튜 만드는 법

를 검색하다 보면 연관된 음식들을 발견할 수 있는데, 평소 취향이 아닌 음식에 도전해보는 것도 재미있어요.

　한번은 유튜브에서 본 라타투이 영상이 기억에 남아 가지와 애호박을 듬뿍 넣은 라타투이를 해 먹은 적이 있어요. 가지의 물컹한 식감과 특유의 향을 싫어하는데도 아주 맛있게 먹었어요. 처음 도전한 요리여서 그런지 여전히 가지는 좋아하지 않지만, 라타투이는 종종 만들어 먹습니다. 다 먹은 후 남은 소스에 삶은 파스타 면을 넣어 먹으면 진짜 맛있습니다!

: 식사 일기 쓰기 :

금주의 식사 기록하기

SUN	MON	TUE	WED
THU	FRI	SAT	REVIEW

소비 일기

월급은 우리를 잠시 스쳐 지나간다고들 하잖아요. 통장을 볼 때마다 '언제 이렇게 돈을 많이 썼지?' 싶은데, 지출 내역을 돌아보면 결국 제가 다 쓴 것들이죠. 티끌 모아 태산이 아니라 티끌 소비들이 모여 '텅'장이 된 셈이죠.

우리는 스마트폰 터치 몇 번으로 쉽게 결제가 되는 세상을 살아가면서, 더 빠르고 더 맞춤화된 서비스로 끊임없이 구매 유혹을 당하고 있습니다. 이제는 재정 관리를 할 때가 되었다고 생각하면서도 가계부를 쓰는 건 쉽지 않았어요. 지금이야 가계부를 쓰는 습관이 자리 잡았지만, 몇 년 전까지만 해도 거의 불가능에 가까웠지요.

저는 가계부 쓰기가 일상화되기 전까지는 소비 일기를 썼습니다. 주로 두 가지 방법을 활용했는데, 하나는 다이어리, 그리고 다른 하나는 노션Notion(메모, 문서 정리 등 모든 작업을 하나의 작업공간에서 가능하게 서비스하는 생산성 앱)입니다. 다이어리에 적을 때 구매한 것들을 기록하고, 노션에는 구매하고 싶은 것, 즉 위시리스트를 쓰고 있어요. 온라인 쇼핑을 하며 장바구니에 사고 싶은 걸 가득 담다가, 충동구매를 막기 위해 위시리스트를 만들었던 것이 제 소비 일기의 시작이 되었지요.

Level 2 ✿

 필요한 것 vs.
사고 싶은 것

　요즘은 원치 않아도 SNS를 통해 수많은 새로운 제품들에 노출되는 것이 너무나 자연스럽고 빠르게 이루어지고 있잖아요. 나도 모르게 광고에 현혹되어 클릭하고 구매까지 했던 경험이 다들 있을 거예요.

　저는 충동구매를 하지 않기 위해 위시리스트를 작성하기 시작했습니다. 위시리스트는 사고 싶은 것과 필요한 것을 구분하기 위한 목록이에요. 지출의 우선순위를 정하고 무분별한 소비를 막기 위한 장치인 것이지요. 다들 몰라서 안 하는 것은 아니지만, 꾸준히 연습해두면 충동적인 이끌림과 구매 행위에도 조금은 면역이 생긴답니다.

위시리스트로 지출을 관리하면서부터는 소비 전에 잠시 멈춰 설 수 있게 되었어요. 위시리스트에는 간단하게 제품 이름과 가격, 우선순위를 적으면 되는데, 링크, 사진, 가격 등을 모아두는 또 하나의 스크랩북을 갖게 된 셈이죠.

　사고 싶은 것은 '갖고 싶은 것' 목록에, 사야 할 것은 '필요한 것' 목록에 넣습니다. 나에게 대체품이 있거나 꼭 필요한 것은 아니라서 한 번 더 생각해봐야 하는 물건은 '갖고 싶은 것' 목록에 들어 있고요. 가격대가 있더라도 나에게 꼭 필요한 것이라면 '필요한 것' 목록에 넣어 두었어요.

　저에게는 소비 기록이 일종의 취미 생활이기 때문에 위시리스트도 하나의 매거진처럼 만들고 싶었어요. 제품명만 적어도 알아볼 수 있지만, 책상이 잘 정돈되어 있어야 마음이 부산스럽지 않은 것처럼, 위시리스트도 깔끔하게 정리되어 있어야 차분하게 결정을 내릴 수 있을 것 같았거든요. 그래서 노션을 사용하고 있습니다. 직접 손 글씨로 쓰고 수집하는 걸 좋아하지만, 이렇게 다양한 모양의 데이터를 정리하기에는 전자기기가 편하답니다.

위시리스트의 포인트는 모든 제품에 '필요도'를 적는 거예요. 사진 속 막대에 쓰여 있는 숫자가 바로 '필요도'입니다. 이 필요도에 따라 구매의 우선순위를 설정합니다. 갖고 싶은 정도나 가격 등을 우선순위의 기준으로 잡지 않는 이유는 다들 아시겠지요? 어떤 사람에게는 필요도가 얼마나 갖고 싶은지와 깊게 연결되어 있기 때문이에요. 원하는 마음이 엄청 클 때는 그게 무엇이든 얼마든 사게 되죠. 결국에는 필요한 것이 무엇인지 알아도 갖

노션을 활용하면 위시리스트에 필요도를 표시할 수 있어요. 이를 기준으로 구매 우선순위를 매겨보세요.

고 싶은 것을 사게 되는 게 사람 마음이긴 하지만요. 그
래도 꾸준함이 사람을 성장시키듯, 소비 일기를 계속 쓰
다 보면 소비에도 하나의 패턴이 자리 잡습니다.

　이제부터 위시리스트를 적을 때 스스로에게 다음과
같은 질문을 해보세요.

　· 왜 갖고 싶은지
　· 얼마나 필요한지
　· 나에게 대체할 만한 것이 있는지
　· 얼마큼의 재정이 남아 있는지
　· 최근 무엇을 소비했는지

　충동적인 지출에 대해 스스로를 질책하는 것이 아니
라, 소비 욕구가 끓어오를 때 잠시 마음을 가라앉히고 돌
아볼 수 있도록 도와줄 거예요. 하고 나서 생각하는 게
아니라 생각하는 대로 실행하게 해주는 것이야말로 기
록의 순기능이니까요!

Level 1 🌙

 쇼핑은
펜으로 쓰세요

위시리스트를 썼다면, 다음으로는 구매한 것에 대해서도 기록해요. 쇼핑도 하루 일과에 포함되니 매일의 일기를 쓸 때 함께 적는 것도 좋고, 구체적으로 기록하고 싶다면 소비 일기장을 따로 만들어 쓰는 것도 좋아요. 저는 주로 일기를 쓰고 남은 여백에 적어줍니다.

예전에는 지출을 위한 작은 노트를 마련해 따로 기록했는데, 노트를 여러 개 분산해 사용하니 손이 잘 가지 않더라고요. 저에게는 한눈에 확인하고 가볍게 소지할 수 있는 게 가장 중요하거든요.

여행 일기에서 영수증을 그려보았던 것, 기억나나요?

여행지를 제외하고는 종이 영수증을 받지 않는 편이라 소비 일기에는 직접 영수증을 그려 넣습니다. 영수증을 그리면 뭐랄까, 증거물이 남는 기분이 들거든요. 구매한 것에 대해 적으면, 돈이 나를 스쳐 빠져나간 것이 아니라 내가 돈을 지불해 무언가를 구매했다는 것이 선명하게 느껴지더라고요.

영수증은 실제와 비슷하게 그리기도 하고 낙서 스타일로 그리기도 해요. 한 가지 방법으로만 쓰면 지루해서 어떤 기록이든 두 가지 이상의 기록 방법을 선호합니다. 실제와 비슷하게 그리는 방법은 여행 일기에서 언급한 것과 동일해요. 네모난 영수증 모양에 구매한 것을 적어 봅니다. 가격과 수량도 써주세요.

저는 소비 일기는 낙서처럼 기록하는 방법을 더 좋아하는데요, 익숙한 영수증 모양 대신 무엇을 샀는지, 어디에서 구매했는지, 가격은 얼마인지를 간단하게 적어 줍니다. 트럭 그림은 택배 배송을 시켰다는 뜻이고, 직접 가서 구매했다면 쇼핑백 그림을 그려 넣어요. 이런 작은 그림들은 노트와 펜만을 고집하는 저에게 스티커 역할을 해주기도 합니다.

✎ 이날은 원피스, 양말 그리고 모자를 샀어요. 택배로 받은 걸 보니 인터넷 쇼핑을 했나 봅니다.

구매한 모든 것을 소비 일기로 적을 필요는 없어요. 자잘하게 사 먹은 커피라던가 갑자기 비가 쏟아져 산 우산 같은 것들은 기록하지 않아요. 중요한 소비, 혹은 가격대가 높은 제품, 충동적으로 구매한 것이나 오랫동안 가지고 싶었던 물건처럼 나에게 영향을 주는 소비만 기록합니다.

모든 것을 세세하게 남기려고 하면 강박이 생길 수도 있어요. 기록의 의미가 퇴색되기도 하고 습관처럼 적을 뿐, 더는 나에게 유의미한 기록이 되지 않기도 하죠. 어느 정도는 자연스럽게 흘러가도록 두는 것이 적절한 균형을 맞추기에 좋은 것 같아요.

RECEIPT

Date / /

Place

□ card □ cash

Item

Total:

Thank You!

취향 일기

요즘에는 '이거 진짜 제 취향이에요'라는 말을 자주 해요. 음식을 먹을 때에도 '진짜 내 스타일이다', 노래를 들을 때에도 '이 멜로디 정말 내 취향인데', 고양이를 볼 때도 '고등어 무늬가 내 스타일이야'라고 말해요. 취향의 범주란 너무나도 넓어서 한 손에 다 꼽을 수 없을 것만 같습니다.

어느 날에는 전혀 취향인지 몰랐던 것이 문득 마음속에 들어오기도 해요. 10년 전에 좋아하던 옷과 지금 즐겨 입는 옷은 완전히 다르니까요. 굳이 10년까지 가지 않아도, 재작년에 입은 옷을 올해는 손도 대지 않았어요. 어릴 적 식물에는 관심이 하나도 없던 제가, 2년 전에는 방울토마토 모종을 멋지게 키워내 몇 달을 따 먹기도 했고요. 이걸 좋아하다가 동시에 다른 걸 좋아하기도 하고, 갑자기 완전히 반대되는 것에 빠지기도 해요. 어느 날에는 전혀 관심 없던 것이 소중해지기도 합니다.

그렇다고 해서 주머니에 든 것을 다 꺼내어 비우고 새로운 취향을 채워 넣는 게 아니에요. 앨범에 새로운 사진을 끼워 넣는 것처럼, 모든 것은 내 안에 있고 새롭게 나타난 것은 기존의 것 옆에 차곡차곡 쌓이는 것이에요. 우리가 좋아했던 것이 추억이 되기도 하고, 새로운 '좋음'이 나타나기도 하고, 그것이 또다시 오랜 취향으로 자리 잡기도 합니다.

사람들이 모두 다른 마음의 모양을 가지고 있는 것처럼, 취향 역시 다 다른 모양으로 존재해요. 저는 늘 취향을 지니고 다니는 편이었어요. 귀에 꽂고, 몸에 입고, 팔다리에 두르며 눈에 잘 보이는 방식으로 가지고 있었지요. 심지어 제가 하는 기록에도 취향이 담겨 있습니다. 취향이 가득 담긴 기록은 어떤 건지, 여기에서는 취향을 기록하기도, 수집하기도 했던 제 기록을 보여드릴게요

나만의
플레이리스트

　취미가 음악 감상일 정도로 음악 듣는 걸 좋아해서 작업을 하거나 이동할 때는 꼭 음악을 틀어두어요. 한창 밴드 음악만 듣다가 언젠가는 케이팝에 꽂혀 댄스 음악을 잔뜩 들었지요. 한때는 가사에, 또 어느 때에는 멜로디에 반해 노래를 들었어요. 어떤 노래는 닳고 닳을 정도로 매일 들어서 가사를 다 외워버렸습니다.

　그렇게 수많은 노래를 듣다 보면 오랫동안 잊고 지냈던, 한때 아주 좋아했던 음악이 문득 떠오르는 날이 있어요. 어느 순간부터 듣지 않아 기억 저편으로 사라진 그 노래가요. "그때 듣던 그 노래 있잖아"라고 말할 때의 '그 노래' 말입니다.

먼슬리 플레이리스트는 매일 가장 좋았던 노래를 하나 골라 한 달 동안의 플레이리스트를 만드는 기록법이에요. 추억을 위해 써도 되고, 단순히 취미로 쓰거나 기록에 습관을 들이고자 쓸 수도 있어요. 중요한 것은 '지금의 내 취향'을 쓰고 있다는 것입니다.

제목만 적는 게 밋밋해 보일 때는 그날의 음악에 잘 어울리는 아이콘으로 꾸며줍니다. 일반 먼슬리와 동일하게 우측 제일 끝에 한 칸을 할애해 리뷰를 적어주고요.

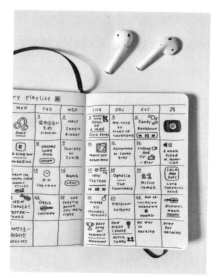

매일 들었던 노래 한 곡만 기록해도 먼슬리를 특별하게 채울 수 있어요. 어느 순간 나의 새로운 음악 취향을 발견하게 될지도.

'어쿠스틱을 많이 들은 주간'이나 'Calm and Soft'처럼
한 줄 평을 적다 보면 인지하지 못했지만 규칙적인 패턴
을 발견하기도 하고, 숨어 있는 내면의 소리가 보이기도
해요. 정말 재미있지 않나요?

한 곡을 질릴 때까지 반복해서 듣는 경우도 있어요.
고등학생 때 매일 한 노래만 반복 재생해서 들었던 적이
있는데, 이제 새로운 노래를 듣고 싶다는 생각이 들 때까
지 다른 노래를 듣지 않았지요. 그렇다고 해서 먼슬리를
온통 같은 노래로 채울 수 없으니, 이럴 땐 먼슬리 플레
이리스트를 쓰는 대신 일정을 정리하는 기본 먼슬리 끄
트머리에 적기도 했어요. '이달의 대표곡'이라는 이름으

✎ 드라마 〈스물다섯 스물하나〉에 빠져 OST만 매일 들었어요. 그중에서
도 제가 가장 좋아하는 건 가수 비비의 '아주 천천히'였답니다.

로요!

　일기에 쓸 말이 많을 땐 타임테이블이고 체크리스트
고, 모든 게 다 기록 순위에서 물러나게 됩니다. 이런 날
에는 글씨 쓸 자리가 부족해서 다음 페이지로 넘겨야 할
때도 있어요. 반면에 딱히 쓸 게 없는 날도 있습니다. 한
것도 없고, 간 곳도 없고 기록할 만한 것이 없는 날이요.
그럴 땐 오늘 하루를 넘기듯 페이지 한 장을 넘긴다는 생
각으로 기록하고는 합니다. 하루에 꼭 다이어리 한 장을
넘기는 습관이 있거든요.

　사람마다 '가장 만만한 방법' 하나 정도는 있습니다.
부정적인 의미의 '만만하다'가 아니라, 언제든 활용하기
쉽다는 이야기예요. 저에게는 그게 음악인데, 뭐라도 써
서 넘겨야겠다는 생각이 드는 날이면 가장 먼저 꺼내는
게 이 플레이리스트입니다. 오늘 들은 음악을 적어 보는
거예요. 취향을 수집하듯이, 내 다이어리에 음악을 수집
해보세요.

Level 1 ☾

 오늘 입은 옷을
그려보아요

    기록하는 스타일이 끊임없이 바뀐 것처럼, 취향이나 선호하는 분위기도 계속 바뀌어 왔던 것 같아요. 일기뿐만 아니라 인간관계, 일상생활, 그리고 나 자신에게까지 적용되었죠. 외출하는 걸 좋아하던 제가 어느새 집순이가 되었거든요. 옷 입는 스타일도 많이 바뀌었는데, 스무 살 무렵엔 새하얀 셔츠를 좋아해 주야장천 흰 셔츠만 사 입었고, 지금은 면으로 된 무늬 없는 티셔츠를 입는 걸 좋아해요.

    OOTD라고 들어봤죠? 'Outfit Of The Day'의 줄임말로, 오늘 입은 옷차림을 말해요. SNS 인스타그램이나 핀터레스트에 들어가면 해시태그와 함께 수많은 OOTD

가 올라와 있어요. 요즘은 어떻게 입는지 누군가의 스타일을 엿보는 것도 즐겁고, 내 옷차림을 남겨보는 것도 재미있답니다.

저도 OOTD를 기록하는 취미가 있어요. 해시태그도 없고, 온라인에 게시하지도 않지만요. 거창한 기록은 아니에요. 오늘 들은 노래를 다이어리에 남겨보는 것처럼, 오늘 입은 옷을 그려보는 거예요. 한겨울의 어느 날, 코트를 입었는지 패딩을 입었는지 기록해요. 운동화를 신었는지, 구두를 신었는지, 손가방을 들었는지, 크로스백을 메고 나갔는지 써보는 거예요. 저는 이걸 '옷장 일기'라고 불러요.

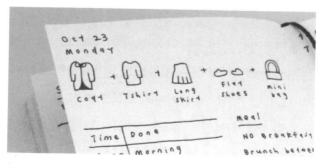

✎ 코트에 스커트 그리고 미니 백까지. 드레스업한 걸 보니 중요한 약속이 있던 날이었나 봐요.

옷장 일기는 특히 여행을 갔을 때 빛을 발휘합니다. 보통 여행을 갈 땐 어떤 옷을 가져갈지 고심해서 고르는데다, 여행지에서 특별하게 구매한 옷이나 아이템이 있을 수 있어 평소보다 다채롭거든요.

지난여름에 휴가차 다녀온 나짱에서는 3박 4일을 머물렀어요. 휴가 동안 매일 겹치지 않는 옷을 입었고요. 여행 계획에 맞춰 그날그날 어떤 코디를 할지 미리 머릿속으로 열심히 구상해두었다가 짐을 챙기는 날 저녁에 일기장에 그려보았어요. 여행 일기와 옷장 일기의 컬래버레이션이라 할 수 있겠네요. 이렇게 서로 다른 주제의 기록을 함께하면 또 다른 쓰는 재미를 느낄 수 있습니다.

흥미진진한 드라마는 다음 편이 기다려지고, 재미있는 게임은 계속하고 싶듯, 기록도 마찬가지예요. 쓰는 게 재미있으면 계속하고 싶어지죠. 뭐라도 적고 싶고, 오늘은 무얼 적을지, 어떻게 적을지 즐거운 고민을 하게 됩니다. 내 취향을 기록과 연결하면 가장 재미있는 기록을 할 수 있어요. 옷장 일기는 큰 의미가 있거나, 남겼을 때 유

8/18

→ when I go
by plane,
I like to
wear a dress
made with the most
comfortable
tencel !!!

8/19 (Day 1)

light green summer knit

Pink

black flare short skirt

8/20 (Day 2 : Tour)

swimwear +

Beige

Black

8/21 (Day 3)

crop knit

Black chiffon skirt

8/22 (Day 4)

chiffon floral dress

white bolero

airport

익한 기록이 되는 것은 아니지만 쓰는 재미가 있어요. 내가 좋아하는 분야를 기록의 한 영역에 집어넣었다고 볼 수 있겠습니다.

오늘의 OOTD 기록하기

빵이's Special

먼슬리 어워즈

식물을 키워본 적 있나요? 식물을 키우면 화분을 자주 들여다보게 돼요. 물이 마르지 않았는지, 습하지는 않은지, 벌레 먹지 않았는지, 햇빛이 부족하지는 않은지. 반려동물과 함께할 때도 마찬가지예요. 말로 소통할 수 없으니 아픈 곳은 없나, 심심하지는 않나 자주 살펴보아야 합니다.

사람도 그래요. 주변 사람도 물론 중요하지만, 가장 중요한 건 나 자신이에요. 내가 힘들지는 않은지, 기쁜 일은 충분한지, 필요한 건 없는지 자세히 들여다보아야 해요. 그런데 안타깝게도 나를 살피는 것에 익숙한 사람은 그리 많지 않아요. 그래서 삶에도 리뷰가 필요합니다. 나를 돌아보고 한 줄 평을 남기듯 기록하는 리뷰 말이에요. 나의 내면을 들여다보는 게 어렵다면 간단한 어워즈awards로 시작해보세요.

먼슬리 어워즈는 유명한 아카데미 어워즈, 뮤직 어워즈처럼 지나온 한 달을 돌아보며 나와 내 주변에 상을 주는 작은 시상식이에요. 한 달간 가장 좋았던 영화, 여러 번 읽은 책, 맛있었던 레스토랑, 마음에 들었던 장소, 가장 즐거웠던 시간, 자주 들은 노래, 특별했던 날을 기록해보세요.

먼슬리 어워즈를 선정하기 위해서는 우선 다음 질문에 답해봅시다.

· 이번 달 나를 가장 기쁘게 했던 것은 무엇인가요?

· 이번 달 나를 가장 지치게 했던 것은 무엇인가요?

· 이번 달 나에게 가장 힘이 되었던 말은 무엇인가요?

· 이번 달 최고의 만남은 언제였나요?

· 이번 달 내 삶의 가장 큰 이슈는 무엇인가요?

· 이달의 소비 중 가장 마음에 드는 것은 무엇인가요?

· 새롭게 알게 된 취미가 있다면 무엇인가요?

· 한 달을 돌아보며 아쉬운 것이 있다면 무엇인가요?

· 스스로에게 해주고 싶은 말이 있나요?

THE STAR OF THE MONTH

 SAVING PRIVATE RYAN
   BY STEVEN SPIELBERG

TV DRAMA - 유미의 세포들

 MOBY-DICK
   BY HERMAN MELVILLE
WHEN BREATH BECOMES AIR
   BY PAUL KALANITHI

 ME MYSELF ! ☺
MS KANG
HE CHOI

 PLOP PIZZA 🍕
FAT CAT
SHAKE SHACK 🍔

 CHRISTMAS PARTY AT JOO'S HAUS
WINE DAY 🍷 WITH LEE

✎ 먼슬리 어워즈는 한 달 동안 내가 무엇에 빠져 있었는지, 어떤 거에 애정을 쏟았는지 돌아보게 합니다.

나만 보는 일기장이니 솔직하게 답변할 수 있도록 구체적이고 특별한 질문을 해보세요. 지난달의 어워즈와 비교하면 한 달 사이의 변화를 확인할 수도 있어요.

연말 시상식에서 수상자들이 무대에 올라가 수상 소감을 말하는 것처럼 나만의 소감을 적어 보는 것도 좋아요. 가벼운 마음으로 써보세요. 자주 말하던 방식에서 벗어나 마음이 가는 대로 써보는 거예요. 평소 쉽게 자책하고 나를 몰아붙였다면, 어워즈만큼은 좋은 점들에 집중해보세요. 그간 걸어온 길을 돌아보고 정리한다는 건 단순히 자기 계발을 위해 해야 하는 일이 아니라, 스스로에 대한 이해를 높이고 삶에 즐거움을 더해주는 일이라는 걸 느껴보세요. 점점 기록이 취미가 되어갈 거예요.

저는 어워즈를 줄글이나 표로 작성하고 있어요. 줄글이 마음이나 감정을 담기에 유용하다면, 표는 한눈에 볼 수 있거든요. 특히 표는 가장 단순하게 쓸 수 있는 방법이에요. 이달의 음악, 아이템, 장소, 후회, 필요, 목표, 삶의 질 등을 간략하게 적어보세요. 내 생각과 느낌보다는 정보와 결과

Favorite music	New item	Liked place
Charlie Puth That's hilarious	wallet	Olympic Park
Best day	Favorite restaurant	Regret
charlie Puth Concert at Seoul	Plop	Nothing!
Needs	Goals	Quality of life
Recess	Succeeded	★★★ 4/5

✎ 먼슬리 어워즈 표 작성법

위주로 쓰면 됩니다. 보물 상자에 물건을 집어넣는 느낌으로, 한 달의 추억을 담은 추억 상자라고도 할 수 있죠. 언젠가 열어보았을 때 당시 나의 마음에 들었던 것들을 꺼내볼 수 있으니까요.

스스로에게 질문할 때는 줄글로 작성하는 게 좋아요. 표는 명확히 '무엇'이라고 말할 수 있는 대답을 적는다면, 줄글은 내 마음에 집중해 '이유'를 쓰게 됩니다. 왜 좋았는지,

> 😔 피곤하고 지치고 힘든 날
> 안 좋은 일이 몰아서 일어났다
>
> 🤍 오랜만에 아주 오랜 친구와
> 전화했다
>
> 🧶 오빠에게 짜증내지 말고
> 말로 할걸 그랬다
>
> 🪣 나에게 필요했던 건
> 거절당할 용기······

✏️ 먼슬리 어워즈 줄글 작성법

왜 아쉬웠는지, 무엇이 후회되는지. 그러다 보면 내 마음이 어디로 향하고 있는지를 살펴볼 수 있어요.

사실 여기에 적는 내용도 크게 다르지 않아요. 우리는 살면서 자연스럽게 실수하고 후회도 합니다. 어떤 날은 '하지 말걸' 하고 후회하고, 또 어떤 날은 '그냥 해버릴걸' 하고 후회해요. 취향이 180도 변하지 않는 한 나를 기쁘게 하는 것도, 슬프게 하는 것도 늘 비슷하지요. 그래서 먼 훗날 이 페이지를 펼쳐보아도 언제 어떤 상황에서 이렇게 답변했는지 기억나지 않을 수 있어요.

그런데 왜 기록해야 하냐고요? 기록의 진가는 다시 꺼내 읽을 때가 아니라 '쓸 때' 발휘됩니다. 우리는 지나간 시간을 기억하기 위해서만 기록하는 게 아니에요. 매일 비슷한 하루를 살면서 쓰는 일기가, 그 내용은 크게 다르지 않을지라도 아주 강한 힘을 가지고 있는 건 '기록하기' 때문입니다. 마음속에 단단히 굳어 있던 것을 녹여 꺼내고, 미처 발견하지 못해 지나쳐버린 감정을 살피고, 거울을 보듯 나 자신을 찬찬히 마주 보며 한 발 한 발 앞으로 나아가고 있는 거죠.

먼슬리 어워즈도 그렇습니다. 어쩌면 고작 한 달이었거나, 아니면 너무나도 길었던 한 달을 이쪽에서도 보고 저쪽에서도 보고 가까이에서 보고 뒤집어도 보면서 구석구석 살펴보는 것입니다. 어워즈를 기록하는 과정이 한 달의 마무리를 도와줄 거예요. 일기 쓰기를 통해 하루가 끝나기 전 좋지 못한 감정을 마무리 짓고 평안한 아침을 맞이할 수 있는 것처럼, 어워즈는 한 달을 잘 마감하고 새달을 맞이할 수 있게 해준답니다.

한 가지 더 제안하자면, 연말에 올해의 어워즈를 뽑아보는 것도 의미 있어요. 저는 연말이 되면 새해 계획을 세우기 전에 한 해를 어떻게 보냈는지 돌아봅니다. 이얼리yearly 어워즈로요. 올해의 순간, 음악, 도전, 단어, 장소, 칭찬, 눈물, 행복, 선물 등의 키워드로 정리해요. 먼슬리 어워즈와 동일하지만, 일 년을 돌아보는 거라 범위가 더 넓습니다. 연초의 기억은 조금 가물가물해져서 다이어리나 사진을 다시 꺼내보며 기억을 되짚어가야 하지만, 이얼리 어워즈로 한 해를 돌아보고, 이를 반영해 새해 계획을 세우면 좋아요.

기록에는 힘이 있어요. 그리고 그 힘은 우리의 삶의 기울기를 조절할 만큼 강력합니다. 살면서 어떠한 결정을 내려

Yearly Awards

올해의 순간	
올해의 음악	
올해의 도전	
올해의 단어	
올해의 장소	
올해의 눈물	

✏️ 이얼리 어워즈 작성법

야 할 때, 혹은 날 두렵게 하는 상황에 맞닥뜨렸을 때와 같은 순간순간에 힘을 주거든요. 아주 대단한 일은 아니더라도, 내가 낙심해 있을 때 나를 일으켜줄 수 있는 것들에는 그런 힘이 있죠. 샤워하거나, 환기를 시키는 것과 같은 사소한 것들에서도요.

기록도 그중 하나예요. 신기하죠? 기록은 나의 에너지를 묶어 두고 있던 불필요한 감정들을 흘려보내고, 가슴에 남기고 싶은 것들은 붙잡아 두면서 나를 성장하고 성숙하게 만들어줍니다. 소설가 F. 스콧 피츠제럴드가 쓴 〈위대한 개츠비〉에는 이런 문장이 있어요.

"그러므로 우리는 끊임없이 과거로 밀려나면서도,
흐름을 거슬러 올라가는 배처럼 계속해서 앞으로 나
아가는 것이다."

자신이 살아온 길의 흔적을 아는 사람은 앞으로 나아갈 수 있어요. 기록은 삶이란 파도 속으로 우리를 나아가게 하는 선함인 셈인 거죠.

먼슬리 어워즈

Chapter 3

어디에
기록해야 하나요

이상하게 노트북 앞에만 앉으면 글이 잘 써져요. 생각이 흘러가는 속도를 타자가 잘 따라간다는 느낌이랄까요? 평소 손으로 쓰는 것을 선호하지만, 글자를 적는 속도가 생각의 흐름보다 느려 생각을 놓칠까 봐 걱정될 때가 있어요. 아이디어가 마구 떠오르거나 익숙하지 않은 감정들이 휘몰아칠 때, 내 안을 가득 채우고 있는 것들을 모조리 꺼내 적는 사람에게는 쓰는 속도가 꽤 중요하거든요.

그럴 땐 생각들이 달아나지 않도록 얼른 스마트폰 메모장을 열어요. 여행지에서도 노트 가장자리가 닳도록 들고 다니며 일기를 쓰지만, 블로그에 여행 기록을 적을 땐 노트북이 필요한 것도 바로 이런 이유 때문이죠.

스무 살 무렵, 영상 촬영에 재미를 붙여 매일 카메라를 보며 말하는 영상을 찍었어요. 오늘의 날짜부터 시작해 하루 일과, 있었던 일, 기분 등을 어색하게 읊다 보면 어느 순간 긴장이 풀려 혼자 수다를 떨었지요. 10년 후에 보면 재미있겠다고 생각했지만, 가끔 영상을 틀어보면 언제 무슨 말을 했는지 기억나지 않아 처음부터 끝까지 돌려봐야 했어요.

영상은 추억 깊숙이 빠져드는 기분을 맛볼 수 있지만, 영상을 다시 보는 과정은 불편했고, 파일 용량이 너무 커서 디스크 드라이브와 클라우드를 왔다 갔다 하다 보니 많이 분실되었어요. 결국 원래 하던 방식으로 돌아와 다시 일기장에 기록하고 있지만, 한때 찍었던 영상 일기는 과거의 나를 꺼내 볼 수 있는 좋은 추억이 되었답니다.

어렸던 나의 모습을 보며, 당시 내가 하는 말을 듣는 건 무척이나 새로운 경험입니다. 내가 얼마나 변했는지, 어떤 일들을 거쳐왔는지 실감이 나거든요. 아무래도 디지털의 다른 장점은 여러 형태의 데이터로 기록할 수 있다는 거예요. 이렇게 나를 영상으로 남길 수도, 사진으로 남길 수도, 어쩌면 텍스트 파일로 만들 수도 있겠죠. 종이 위에서도 표를 만들고 그림을 그리며 다양한 방식으로 기록할 수 있지만, 아날로그와 디지털은 완전히 다르니까요.

사실 기록을 어디에 하는지는 그다지 중요하지 않아요. 중요한 건, '기록하는 것'입니다. 오늘의 일기를 미루지 않고 오늘 쓰는 것, 기록하고 싶다고 생각한 것을 잊지 않고 기록하는 것, 꾸준히 한 장을 넘기는 것. 내 손으로 남기는 모든 기록은 그 자체로 의미가 있으니, 나에게 맞는 방법을 찾기만 하면 됩니다.

노트에
기록하기

　'기록'하면 가장 먼저 생각나는 건 단연 '노트'지요. 각
자 취향에 따라 일기장, 다이어리, 플래너, 불릿저널 등
다양한 이름만큼 기록의 종류도 다양하고, 노트 자체도
종류가 많습니다. 깨끗하게 비워진 무선 노트, 줄이 그어
진 유선 노트, 도트가 찍힌 불릿 노트, 날짜가 쓰인 다이
어리까지. 다양한 스타일의 내지가 있어 노트는 취향에
맞게 고를 수 있어요.

　물론 어떤 사람들은 기록하는 행위 그 자체에 집중하
기 때문에 어디에 쓸지 그다지 관심을 두지 않는 경우도
있어요. 저희 아빠만 해도 이면지나 영수증 뒤편에 기록
했거든요. 저는 한 글자라도 잃어버릴까 걱정하며 꼭 네

모반듯한 노트에만 기록했는데 말이에요.

　저는 노트를 가장 즐겨 써요. 노트를 고를 때는 두 가지를 중요하게 생각합니다. 첫 번째는 손에 닿는 촉감이 빳빳하되 페이지를 넘길 때는 부드럽게 넘어가야 하고, 두 번째는 펜의 잉크가 깔끔하게 흡수되어야 해요. 손에 익숙한 형태가 아니면 손이 잘 가지 않아 기록을 이어가기가 영 어렵더라고요.

　다양한 형태의 노트 중에서도 언제나 무선 노트를 구매해 빈 종이를 채워 넣는다는 느낌으로 기록하고 있습니다. 앞서 설명한 것처럼, 내지가 깔끔하게 비워진 노트는 원하는 레이아웃을 만들기에 용이해요. 오늘은 타임테이블을 그렸다가 내일은 체크리스트를 만들고, 또 다음 날엔 먼슬리를 쓸 수 있거든요.

　컴퓨터나 기록 앱으로 기록할 때는 자유도 면에서 한계가 좀 있는데, 무선 노트의 특징은 완전히 내 마음대로 구성할 수 있다는 것이 장점이죠. 종이를 접거나 붙이거나 잘라내는 등 자유롭게 변형할 수 있을 뿐만 아니라, 영수증과 접착식 메모지 같은 것들을 덕지덕지 붙일 수도 있어요. 스티커나 알록달록한 색깔 펜으로 맘껏 꾸밀 수도 있고요.

어릴 적에는 매일의 일기와 체크리스트, 쇼핑리스트, 필사를 모두 다 각각의 다른 노트에 적었는데, 이제는 전부 하나의 노트에 적고 있어요. 특히 한눈에 확인하고 즉시 파악하는 것이 중요해지면서 일기와 체크리스트 같은 스스로를 관리하고 점검하는 기록들은 한 곳에 모아서 적게 되었습니다.

일기장을 딱 펼쳤을 때 오늘 무엇을 했고 무엇을 먹었는지, 어디를 가서 누구를 만났는지, 할 일은 다 마쳤는지, 시간은 어떻게 사용했는지, 기분은 어땠고 컨디션은 어땠는지를 전체적으로 확인할 수 있는 게 좋더라고요. 체크리스트 따로, 줄글 일기 따로, 식사 기록을 따로 적으면 각각의 노트를 하나하나 펼쳐봐야 해서 점점 번거롭게 느껴지고도 했고요.

노트를 분리해서 사용하는 것도 장점이 많지만, 저에게는 맞지 않았어요. 그 어떤 유명한 기록 방법보다도 나에게 편하고 쓰는 재미가 느껴지는 방식을 찾아가는 게 중요한 것 같아요. 저 역시 점점 기록에 익숙해지면서 기록하는 방식에 많은 변화가 생겼고, 지금 제가 쓰는 기록 방식이 자리 잡기까지 여러 기록 방법을 거쳐왔습니다.

노트는 기록이 쌓여가는 것을 실감하기에도 적합해요. 다이어리의 두께, 무게, 수량만으로도 얼마나 오래 기록해왔는지 알 수 있지요. 컴퓨터나 태블릿 문서는 기록을 훑어보거나 양을 가늠하기 다소 어려운 부분이 있지만, 노트는 그냥 펼치기만 해도 쭈욱 훑어볼 수 있으니까요. 좋은 앱들이 개발되며 기능적인 면에서 많이 보완되긴 했어도 여전히 아날로그만이 줄 수 있는 것들이 있잖아요. 종이 위에 사각사각 적어 내려가는 손맛도 있고요.

다만, 노트는 챙기는 걸 잊어버릴 때가 있어 책상 어딘가에 두고 나오는 날들이 있어요. 기록하는 시간을 정해두고 틈틈이 꺼내 쓰는 사람이라면 괜찮지만, 짬짬이 다양하게 기록하는 사람에게는 여간 불편한 일이 아닙니다.

가끔 일기장을 빼놓고 온 날에는 다른 공간에 적기도

해요. 저는 주로 아이디어 스케치 노트나 아이패드를 사용하는데, 이런 기록들은 집에 돌아와 다시 일기장에 옮겨 적어요. 물론 다시 쓰기 너무 귀찮을 땐 페이지를 찢어 일기장에 붙이기도 합니다. 일기장 밖에 있는 일기는 찾아보지 않으니 분명 가지고 있어도 잊어버리는 때가 있어 가능한 한 그날그날 일기장에 옮겨두려고 해요.

사실 노트의 가장 큰 단점은 부피예요. 다 쓴 노트를 보관할 적당한 장소가 필요하거든요. 햇빛을 받으면 종이가 삭아 부스러지고, 물이 묻으면 기록이 망가질 수 있으니, 안전한 공간에 넣어 보관하는 것이 중요해요. 저의 노트 보관법은 뒤에서 자세히 알려줄게요.

✎ 3년간 기록한 노트들

사진 속 노트는 2020년 말부터 2023년까지 사용한 제 노트들이에요. 일상 다이어리, 아이디어 스케치, 장보기, 메모, 낙서 등의 기록들이 섞여 있죠. 주로 사용하는 몰스킨 노트 외에도 무인양품이나 로이텀 노트를 비롯해 문구점에서 파는 브랜드 모를 다이어리도 많아요. 더 좋은 노트를 발견할지 모르니 새로운 노트를 보면 꼭 페이지를 펼쳐서 만져보고 마음에 들면 구매해 사용하고 있어요. 여러 종류의 노트를 써보고 나에게 맞는 제품을 찾는 건 능숙한 기록인이 되기 위한 숙제 아닐까요? (물론 저의 문구 욕심일 수도 있지만요) 크기도 모양도 들어 있는 내용도 전부 다르지만 모두 저의 기록을 담고 있는 노트들이라, 한 권 한 권에 애정이 가득하답니다.

손때 묻은 것은 잠깐 읽기만 해도 우리를 과거로 돌아가게 해요. 당시엔 정말 괴롭고 힘들었던 일도 시간이 지나고 보면 아무렇지 않기도 하고, 어떨 때는 다시 따끔따끔한 가시가 느껴지기도 하죠. 이따금 위로와 나아갈 용기를 주기도 하고요. 기록이 가지고 있는 매력이죠.

어떻게 이렇게나 많은 노트를 다 썼나 싶을 수도 있지만 기록은 할수록 재미있고, 쓸수록 내가 무엇을 쓰고 싶은지 알게 돼요. 그 과정이 정말 즐겁답니다. 여러분도 이 즐거움을 꼭 맛보기를 바랍니다.

마음에 드는 다이어리
고르는 법

연말이 되면 서점의 문구 코너 근처를 서성이며 새해를 함께할 노트를 고릅니다. 기록인들에게는 경건한 의식과도 같은 행위인데요, 자주 쓰는 브랜드가 있다면 보다 편한 과정이 되고, 그렇지 않더라도 몹시 재미있는 시간이에요.

보통은 새해의 연도가 박혀 있는 다이어리를 사지만 (주로 이런 제품을 많이 판매하므로) 저와 같은 부류의 사람들은 내지가 비어 있는 노트를 찾아다녀요. 처음에는 매일 기록하지 못하고 띄엄띄엄 썼기 때문에 무작정 만년형 다이어리를 찾았는데, 기록을 지속하지 못했던 이유를 찾고 나니 어떤 제품을 써야 할지 알겠더라고요. 그러다가 최근에는 아예 직접 다이어리를 만들어 쓰고 있습니다. 나만의 기록 스타일대로 만들면 되지 않겠나 싶었거든요.

일반적인 다이어리는 연간, 월간, 주간, 일일, 자유 페이지 등 다양하게 구성되어 있습니다. 그런데 이 모든 페이지를 다 쓰는 경우는 드물어요. 평소에 사용하는 레이아웃만 계속 쓰다 보니 비어 있는 페이지는 계속 비어 있게 되죠. 저는 먼슬리와 데일리만 쓰기 때문에 시중에 파는 다이어리를 사면 버리는 페이지가 너무 많았어요. 결국 그 빈칸이 싫어서 손이 잘 안 가더라고요. 그러므로 나의 기록 스타일에 맞는 다이어리를 찾는 것은 매우 중요한 일입니다.

내 기록 스타일을 알려면 평소에 내가 어떻게 기록하는지 떠올려보세요. 메모지에 적는 걸 좋아하나요? 노트에 줄글로 적는 걸 좋아하나요? 아니면 체크리스트를

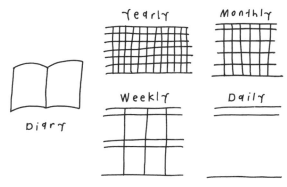

✎ 시중에 판매하는 대부분의 다이어리는 연간, 월간, 주간, 일일 페이지를 다양하게 포함하고 있습니다.

써서 확인하는 걸 좋아하나요? 낙서하듯 자유롭게 끄적이는 걸 좋아하나요?

이외에도 고민해야 할 요소들은 많아요. 화려한 일러스트로 구성된 내지와 미니멀한 디자인의 내지 중 어떤 걸 선호하는지, 큰 노트와 작은 노트 중 무엇이 손에 잘 잡히는지, 일반 제본과 스프링, 바인더 중에 어떤 제본 형식이 마음에 드는지 등등. 바인더형은 내지를 교체하고 리필할 수 있는 게 가장 큰 매력 포인트이고, 일반 제본은 페이지를 뜯어낼 경우 티가 나기 쉽다는 것을 잊어서는 안 돼요.

자, 이제 그럼 나에게 맞는 다이어리는 어떤 타입인지 다음 몇 가지 질문을 통해 알아봅시다.

사이즈 라지 / 미디움 / 스몰 / 포켓
바인딩 양장 / 노출 / 실 / 무선 / 스프링
커버 하드 / 소프트 / 가죽 / PVC
내지 타입 무지 / 도트 / 모눈 / 라인
사용 용도 다이어리 / 플래너 / 먼슬리 / 체크리스트 / 데일리 / 필사

질문에 답을 하면서 다이어리 구성 중 나에게 필요한, 평소 내가 선호하는 부분이 무엇인지 순위를 한번 매겨 보세요. 그런 다음 다이어리를 고르면 빈 페이지가 훨씬 줄어들 거예요.

스마트폰 메모 앱에
기록하기

이제는 스마트폰이 없는 사람이 드물죠. 어린아이들
도 키즈폰이긴 해도 스마트폰이 있고, 나이 지긋한 어르
신들도 스마트폰 메신저 앱을 이용해 친구나 가족과 대
화를 나누는 분이 많다고 하네요. 애플리케이션도 무궁
무진해서 메모 관련 앱도 어찌나 종류가 많은지, 친구들
끼리 앱을 추천해주고는 합니다.

그런데 이상하게도 메모장 앱은 마음에 쏙 드는 걸 찾
기 어려워요. 인터페이스가 낯설어 사용하기 힘들거나,
정형화되어 있어 내 스타일대로 변형이 어렵거나, 원하
는 기능을 지원하지 않는 경우도 있어요. 다른 메모 앱으
로 변경하려면 이전까지의 기록을 백업하거나 옮기는

게 번거롭고, 무엇보다 스마트폰을 잃어버리면 기록이 전부 날아갈 수 있으니 조심해야 합니다.

그럼에도 디지털로 기록하는 게 편한 이유는 우리가 스마트폰을 항상 가지고 다니기 때문이에요. 시계를 보는 것조차 이제는 스마트폰을 사용하니까요. 심지어 화장실 갈 때도 스마트폰을 들고 가니, 1년 365일 1분 1초를 스마트폰과 함께한다고 해도 과언이 아닙니다.

별도로 노트와 펜을 챙겨야만 기록할 수 있는 아날로그 기록법과 달리 배터리가 있는 한 스마트폰은 언제 어디서든 기록을 남길 수 있어요. 메모장 앱이 아니더라도 글씨를 쓸 수 있는 어떤 앱이든 다 가능합니다. 요즘에는 메신저 앱에 나와 대화하기 기능이 있어 이를 메모장처럼 활용하는 사람들이 많습니다.

새로운 앱을 깔고 적응하는 게 싫다면 스마트폰에 기본으로 깔린 메모장을 사용해도 좋아요. 기본 기능에 충실하니 짧게 기록하는 사람에게는 아주 유용합니다. 간단하게 체크리스트를 만들거나 사진을 넣을 수도 있고요. 저는 주로 바로바로 체크하는 용도로 사용하고 있어요.

< Search

6/19 할 일

- ✓ 드라마 크리미널 마인드 보기
- ✓ 우체국 방문
- ✓ 마트
  - ✓ 우유
  - ✓ 토마토
  - ✓ 김밥 재료

전기세 - 11,000원

삶의 모양은 다양하니까, 세상에 꼭 맞는 퍼즐 조각이 될 필요는 없다. 오늘은 자극적인 미디어를 조금 줄이고 눈의 피로를 풀어주는 게 좋겠다.

✎ 스마트폰은 항상 가지고 다니므로 기본 메모장을 이용해 바로바로 기록하기에 좋아요.

　기록이 무조건 일기여야 하는 건 아니에요. 여행 일기나 소비 일기도 일종의 기록이고, 사진과 동영상도 기록이에요. 깊은 고민이 담긴 일기도, 별 의미 없이 남긴 메시지도 기록이고요. 내가 어떤 것을 기록하고 싶은지 알면 좋겠지만, 그렇지 않아도 괜찮아요. 오늘 적은 한 줄의 메모가 나의 기록이 되기도 하니까요.

　언젠가 집게손가락으로 그린 엄마의 모습이에요. 테이블 건너편에 앉아 책을 읽는 엄마를 무심코 바라보다가, 그 순간을 남기고 싶어졌습니다. 잠시 점심을 먹으러 가볍게 외출했던 터라 노트는커녕 지갑도 들고 나오지

Note Title: Mom Edit
May 8, 2022 at 16:58

✎ 내가 그린 엄마 모습

않았었죠. 가지고 있는 건 스마트폰뿐이라 메모장을 사용했어요. 뭉툭한 손가락 끝으로 쓱쓱 그려보았답니다.

사진을 찍었다면 훨씬 생생한 모습을 남길 수 있었겠지만, 메모장의 그림을 볼 때마다 그때의 분위기, 엄마의 웃음, 주변의 소리 같은 것들이 생생하게 떠올라요. 그림을 그리기 위해 그 순간의 모든 것에 집중했던 탓이겠죠. 색 한 방울 들어가지 않았지만, 그날의 햇살까지 느껴지는 것만 같습니다.

빵이's
Recommend

디지털 무지 노트
'노션'

저는 무지 노트를 좋아하기 때문에 수많은 메모 앱 중

에서 주로 노션을 쓰고 있어요. 노션은 일기부터 공부, 업무, 계획까지 다양한 영역을 아울러 사용할 수 있는 관리 및 기록 앱이에요. 자유도가 높다 보니 무지 노트를 사용하는 것처럼 내가 원하는 대로 구성을 만들 수 있다는 게 가장 큰 장점이에요. 노트에는 하지 못하는 하이퍼링크와 배경음악도 설정할 수 있고, 자유자재로 사진을 넣을 수도 있습니다.

무엇보다 계정을 만들어 사용하는 온라인 앱이라 자동으로 백업되어 데이터가 날아갈 걱정을 하지 않아도 됩니다. 내 스마트폰을 잃어버려도 다른 스마트폰으로 접속할 수 있고, 스마트폰으로 기록하다 컴퓨터로 넘어가도 그대로 이어서 쓸 수 있어요. 모양은 조금 다르지만, 노트에 쓰듯이 체크리스트와 줄글 일기, 타임테이블 작성도 가능합니다.

한 가지 아쉬운 점이자 가장 큰 단점은 진입장벽이에요. 노션의 장점인 높은 자유도가 어떤 사람들에게는 단점으로 작용합니다. 노션에 들어가면 나타나는 빈 페이지와 미니멀한 아이콘으로 구성된 메뉴가 불친절하게 느껴질 수 있어요. 낯선 버튼이 어떤 기능을 하는지 몰라

이것저것 눌러보다 쓴 내용을 다 날려버리는 경우도 허다해요. '뒤로가기'를 할 수 있지만 그 버튼을 찾지 못해 되돌리지 못하는 경우도 보았고요. 노션 사용법을 알려주는 책이나 유튜브 영상이 우후죽순 나왔는데, 일기를 쓰기 위해 앱 사용법까지 공부해야 한다는 점이 다소 불편하게 느껴지기는 합니다.

하지만 이 시작의 고비만 넘기면 아주 편리해 주변 사람들에게 적극 추천하고 있어요. 요즘은 노션을 완벽하게 다이어리로 쓸 수 있는 템플릿도 많아져서 더욱 편하게 사용할 수 있거든요. 다이어리를 쓰면서 차차 프로그램에 익숙해지면 일기 외에도 다양한 기록을 할 수 있게 돼요. 앞서 이야기했던 위시리스트나 영화 리뷰, 여행 계획, 페이지에 친구를 초대해 쓰는 공유 일기나 프로젝트 협업도 가능합니다. 제가 운영하는 기록 모임 '마이저널스'도 노션의 공유 페이지 기능을 사용해서 모임을 진행했던 적이 있어요. 서로의 글을 읽고 댓글을 남기며 함께했답니다.

아날로그와 디지털은 각각 장단점이 명확해서, 자신이 중요하게 생각하는 지점이 잘 보완되는 기록 방식을

✏️ 노션의 공유 페이지는 메신저나 SNS처럼 대화 공유가 가능해서 모임이나 프로젝트 협업에 유용합니다.

선택하면 됩니다. 이것도 써보고 저것도 써봐야 나에게 맞는 게 무엇인지 알 수 있으니 여러 방법을 시도해보는 게 좋습니다. 저는 매일의 기록을 수기로 작성하는 걸 선호하지만, 새로운 아이디어나 복잡한 생각을 글로 정리할 때는 노션에 적기 때문에 매일 아날로그와 디지털을 오가며 사용하고 있어요.

어떤 날은 노트를 들고 다니며 카페에서 커피를 마시다가, 지하철에서 내릴 역을 기다리다가, 아니면 자기 전 책상에 앉아 기록해보세요. 또 다른 날에는 스마트폰에 메모를 남겨보세요. 메모장도 써보고 새로운 기록 관련 앱도 다운받아 사용해보는 거죠. 아날로그든 디지털이든 번갈아 가며 사용해본 다음, 손이 더 잘 가는 것을 고르면 됩니다. 꼭 하나만 선택할 필요도 물론 없고요!

블로그에
기록하기

돌이켜보면 지금처럼 열심히 기록하지 않았을 때도 꾸준히 기록할 곳을 찾아다녔던 것 같아요. 요즘 매일 들락날락하는 블로그를 초등학생 때도 이용했었으니까요. 뭘 썼는지 기억나진 않지만, 블로그라는 공간을 참 좋아했답니다.

'블로그 이웃 두 명, 매일 방문자 수 1 또는 0'

한때 제게 블로그는 온라인이라는, 누구에게나 오픈된 공간이었음에도 나 혼자 있는 느낌을 주는 곳이었어요. 혼잣말을 잔뜩 써서 그림을 올리거나 가끔은 서너 줄의 일기를 적었어요. 그러다 싸이월드가 유행하며 블로그를 접게 되었는데, 그 아이디를 탈퇴해 버려서 그때의 블로그를 볼 수 없다는 게 무척 아쉬워요.

이제는 네이버 블로그, 티스토리, 포스타입 등 블로그 이용자는 점점 늘어났고, 블로그를 작성할 수 있는 플랫폼 종류도 다양해졌습니다. 계정을 삭제하지 않는 이상, 기록이 영원히 보관되고, 비공개로 기록을 백업할 수도 있어요. 모바일로 쓰기보다는 컴퓨터에 적합하고, 장문의 글을 남길 수 있다는 것도 매력적이죠.

'기록이 쌓이면 내가 된다'라는 슬로건을 걸고 있는 네이버 블로그는 정보성 게시글도 많지만, 자신의 일상을 업로드하는 사람들을 쉽게 만날 수 있어요. 키워드 검색을 통해 자연스럽게 타인의 기록을 구경할 수 있고, 비슷한 취향의 사람과 친목 도모도 가능합니다.

제가 한동안 하지 않았던 블로그를 다시 시작하게 된 계기는 백업할 공간을 찾기 위해서였어요. 파일 백업은 USB나 외장하드에 하면 되지만 디지털 기록은 어디에 백업하면 좋을지 고민했거든요. 스마트폰 메모장에 짤

막짤막 적어둔 글이나 문득 떠오른 아이디어들을 한곳에 모아둘 공간이 필요했어요. 여러 방법을 찾다가 후보로 급부상한 공간이 블로그였죠.

지인은 물론, 낯선 사람도 만날 수 있는 공간. 일반적인 SNS에서는 이러한 만남이 동시에 이루어지는 게 쉽지 않잖아요. 보통 나를 아는 사람들에게 공개된 계정이거나 아예 익명으로 활동하는 플랫폼으로 구분되어 있으니까요. 가까운 사람과는 물론 낯선 사람과 동시에 이웃이 된다는 것도 블로그의 재미있는 요소라고 생각했습니다.

다이어리에는 길어야 한두 페이지 정도의 글을 쓰지만, 블로그에는 몇천 자, 몇만 자까지도 적을 수 있어요. 딱히 숨기려던 것은 아니어도 굳이 말로 꺼내기 어려운 이야기들을 적기에 좋더라고요. 카테고리를 여러 개 만들 수 있으니 관심 있는 주제에 깊이 있게 파고들어 기록하기에도 좋고요. 예를 들어 '식단 기록'이나 '여행 가고 싶은 장소 모음' 등 주제에 따라 카테고리를 만들어보는 거예요.

여행 기록을 했을 땐 여행 키워드를 통해 블로그에 방

문하는 사람들이 많았어요. 저는 일기를 썼을 뿐인데 누군가에게는 중요한 정보를, 누군가에게는 간접적인 경험을 제공하게 된 것이지요. 다이어리에 쓰여 있는 내용과 크게 다르지 않지만, 디지털 요소와 결합해 다른 공간에 씀으로써 기록이 이렇게 새로운 역할을 하기도 합니다.

요즘은 특정 주제를 다루며 사람들과 소통하는 블로그 인플루언서가 많아졌습니다. SNS에서 소소한 취미를 다루거나, 현실과는 다른 부캐(부 캐릭터 줄임말)로 활동하거나, 혹은 새로운 창작물을 보여주는 사람들이 늘어났죠. 저처럼 백업을 위해 블로그를 열었다가 전문적으로 포스팅하는 사람들도 있고요.

얼마 전에는 자취생을 위해 쉽게 집밥 만드는 법을 알려주는 인플루언서의 블로그를 보았어요. 간단한 재료로 요리 꿀팁을 쓴 게시물을 보고는 얼른 이웃으로 추가했습니다. 기록만 하던 것을 넘어 기록으로 소통하는 세상에 들어온 거예요.

사진도 넣고 링크도 넣고 글도 쓰는 것을 보면 노션과 블로그가 비슷한 것 같아도 바로 이런 점이 다릅니다. 노션은 여러 페이지 중 작성자가 선택적으로 웹에 게시해 특정 인물을 초대할 수 있는데, 블로그는 누구나 아이디 검색을 통해 들어올 수 있어요. 물론 블로그 게시물도 비공개로 설정할 수 있지만 조금 더 퍼블릭한 공간이라고 볼 수 있습니다.

비유하자면 노션이 내 방이고, 블로그는 한강 공원이랄까요. 내 방에는 우리 집으로 초대한 친구만 들어올 수 있지만, 한강 공원은 모두가 왔다 갈 수 있잖아요. 공원에 텐트를 치고 들어가 있으면 혼자 있는 것 같지만, 돗자리를 펴고 누워 있으면 지나가는 사람들과 눈을 마주칠 수 있어요. 같은 바람을 쐬고 같은 하늘을 보다가, 어쩌면 인사도 하고 말입니다.

Digital

인스타그램에
기록하기

    문득 나의 변화를 깨닫는 날들이 있어요. 먹지 않던 음식을 먹게 되었다든가, 전혀 취향이 아닌 노래를 흥얼거린다든가, 영원히 오지 않을 것 같았던 어른이 되어간다는 이상한 기분이 느껴지는 날도 있습니다. 무난하게 흘려보내는 매일이 비슷한 것 같아도 하루하루를 모아 보면 미묘하게 달라요. 계절마다, 시기마다, 장소마다, 어쩌면 내 상태에 따라 조금씩 달라지는데, 조금씩 각도가 바뀌던 것이 어느새 180도 다른 곳을 바라보고 있게 되죠.

    특별한 이유가 없다면 요즘은 누구나 다 가지고 있는 인스타그램. 인스타그램은 나의 변화를 확인하기 좋은 앱이에요. 무조건 사진을 한 장 이상 넣어야만 업로드할 수 있는 인스타그램의 특성상 시각적으로 바로 확인 가능한 기록을 할 수 있어요. 피드에서 네모난 사진들을 모아볼 때면, 나만의 일관된 분위기도 발견하게 되고요.

줄글로 쓰면 나의 깊숙한 곳에 있는 이야기를 꺼낼 수 있지만, 사진으로 보면 직관적으로 느낄 수 있는 것들이 있습니다. 당시 내가 어떤 얼굴을 하고 있는지, 그때는 얼마나 어렸는지, 어떤 스타일을 좋아했는지도 볼 수 있죠. 큰 변화가 없는 무던한 사람에게는 내 시간의 흐름을 알 수 있는 공간이 된답니다. 꼭 얼굴이 드러난 사진이 아니어도 그때의 나를 의미하는 사진이라면 무엇이든 상관없어요. 사진을 넣고 글을 쓰다 보면 마치 한 편의 그림일기를 쓰는 것처럼 느껴질 거예요.

인스타그램은 계정을 여러 개 만들 수 있으니, 관리만 잘할 수 있다면 계정을 분류해 사용하는 것도 좋아요. 저는 일상을 기록하는 계정과 아날로그 일기 사진을 모아두는 계정으로 나누어 쓰고 있어요. 두 개의 계정을 오가며 관리하는 것이 때때로 번거롭게 느껴지지만, 노트나 다이어리가 따로 필요 없어 오히려 편하게 쓸 수 있는 날들이 많습니다. 계정을 비공개로 해두면 나만 볼 수 있는 일기장이 되는 것도 장점이고요.

다이어리(아날로그 일기 사진)를 업로드하는 계정에는 한 주에 한 번 정도, 가장 마음에 드는 페이지를 찍어서 올립니다. 어차피 다이어리를 펼쳐보면 있는 페이지인데, 왜 굳이 찍어서 올리냐고요? 그게 바로 기록이니까

✎ 기록으로 채운 다이어리를 사진으로 찍어 남기는 것도 기록이 됩니다.

요! 매일의 수많은 기록 중 특별한 기록을 꼽아 굳이 '기록'하는 거예요.

해시태그를 이용해 기록을 묶어보는 것도 좋아요. 해시태그는 키워드라고 할 수 있는데, 업로드한 글이나 사진의 핵심 키워드를 남기는 거예요. 원하는 해시태그만 모아볼 수 있으니, 기록을 카테고리화할 수 있습니다.

여기서 더 나아가 나만의 해시태그로 묶어보는 걸 추천해요. '#빵이일기', '#빵이일상'처럼 나만을 위한 해시태그를 만들어보는 거예요. 제 친구 중에 한 친구는 필름 사진을 올릴 때마다 '#OO의필름'을, 짧은 독서 감상을 적을 때마다 '#OO의독서'를 해시태그로 남겨요. 해시태그는 나만의 기록 수집 아카이브인 셈이죠. 내가 쌓아가는 기록에 나만의 견출지를 붙여주세요.

나만의 해시태그 만들기

\# _____

\# _____

\# _____

해시태그를 이용하면 다른 사용자와 연결될 수도 있어요. 인스타그램은 소통하는 목적이 강한 SNS인 만큼 기록하는 사람들이 흔히 사용하는 #불릿저널, #Journal 같은 해시태그를 이용해 그들과 기록 영감을 주고받아 보세요. 누군가 내 기록을 보고, 나 역시 타인의 기록을 보면서 다양한 기록을 접할 수 있습니다. 타인의 기록을 합법적으로(?) 살펴볼 수 있는 좋은 방법이에요.

SNS가 상업화되면서 우리가 SNS에서 보는 것은 수많은 기록 중 찰나의 순간일 뿐이라는, 하이라이트만 모아둔 것이라는 이야기도 있습니다. 보여주기 위한 삶에 집중하다 보면 진솔한 기록보다는 '꽤 괜찮은' 모습을 연출하기 위해 애쓰게 되죠. 하지만 그건 기록하는 목적에 따라 다르니, 내가 어떻게 사용하는지가 중요하겠지요.

인스타그램 기록도 결국 꾸준히 쓰는 게 가장 중요한 포인트예요. 나에 집중하며 나를, 내 마음을, 내 일상을, 내 취미를, 내 취향을 계속 써 내려가 봅시다.

Digital

굿노트에
기록하기

"디지털은 디지털인데, 손으로 쓸 수 있는 기록이 있다?!"

태블릿 사용자가 늘어나며 굿노트와 노타빌리티, 애플에서 자체 제공하는 프리폼 등 앱을 이용해 기록하는 사람들이 많아졌어요. 인화할 필요 없이 사진을 바로 붙여 넣을 수 있고, 스티커를 돈 주고 사지 않아도 인터넷에서 다운받아 사용할 수 있어요. 전자기기지만 '진짜 노트'처럼 자유롭게 사용하는 게 가능하죠. 평소에 아이패드를 자주 사용한다면 다이어리를 꺼낼 필요 없이 굿노트로 작성할 수 있으니 몹시 편리합니다.

저는 그중에서도 굿노트를 애용하는데, 여기에는 두

가지 이유가 있습니다. 첫 번째는 '뒤로가기' 기능이에요. 오타가 나거나 줄이 삐뚤어져도 '뒤로가기' 버튼 하나만 누르면 취소하고 다시 쓸 수 있어요. 버튼 한 번으로 말끔하게 지워지니 얼마나 편한지 모릅니다. 잘못 쓴 페이지를 뜯어낼 필요도 없고, 수정 테이프를 사용하지 않아도 돼요. 색을 바꿨다가 글자 위치를 옮겼다가, 손으로 직접 쓰기 싫을 땐 텍스트 상자를 이용해 타이핑할 수도 있고요.

또 하나의 이유는 공간을 차지하지 않기 때문이에요. 보관하는 데에 물리적인 공간이 필요한 다이어리와 달리, 굿노트에 쓴 내용은 앱 안에 차곡차곡 쌓이니까요. 물론 아이패드나 클라우드 하드의 용량을 차지하긴 하지만, 아이패드만 하나 들고 다녀도 몇 년 동안 쌓인 기록을 한꺼번에 들고 다니는 기분이 든답니다. 다 쓴 페이지는 JPG나 PDF 파일로 내보낼 수 있어 별도로 백업도 할수 있고요.

저의 경우에는 사진을 자유자재로 붙일 수 있으니 주로 스크랩을 하거나 아이디어 스케치를 할 때 즐겨 씁니다. 가끔 노트가 없을 때 일기를 쓰기도 해요. 비록 직접 쓰는 손맛은 노트에 비해 부족하긴 하지만, 태블릿에 종이 필름을 씌우면 어느 정도 보완이 되더라고요. 디지털의 장점과 손으로 쓰는 맛을 동시에 즐길 수 있는 기록 앱이에요.

최근에는 굿노트 외에도 좋은 기록 앱들이 많으니, 이것저것 사용해보며 자신에게 맞는 기록 앱을 찾아보세요. 매번 다이어리를 챙겨 다니는 게 불편했다면, 새로운 신세계를 경험하게 될 거예요.

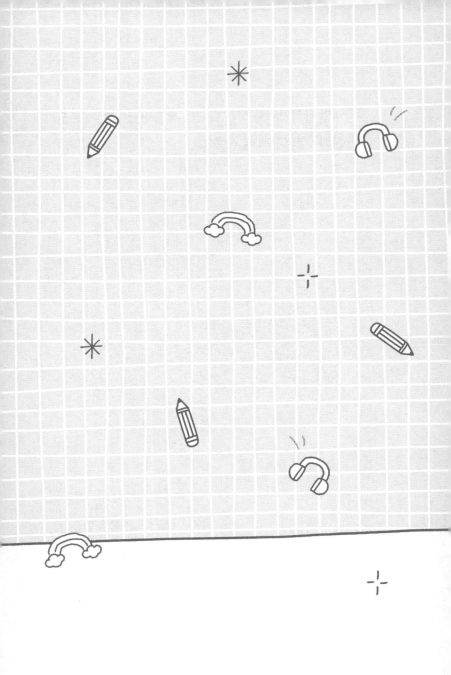

Chapter 4

기록 습관을
기르고 싶다면

제가 가지고 있는 일기장 중 가장 오래된 건 여섯 살 때 쓴 그림 일기장이에요. 내용이라고는 '목욕을 했다', '정말 재미있었다', '맛있었다'가 반복되는 뻔한 일기인데도 가끔 펼쳐보게 되더라고요. '그땐 무슨 생각을 하며 이 일기를 썼을까?' 하고 생각하면서요.

나이를 먹고 자신을 돌아보며 기록에 관한 생각이 확실해지기 전까지 저는 일기를 혼자 쓰지 않았어요. 저에게는 늘 일기 쓰기를 도와준 사람이 있었답니다. 그림일기는 매일 엄마와 함께 썼어요. 일기 쓰는 게 재미있었다기보다는 부모님과 함께 거실에 누워 그림을 그리고 색을 칠하는 게 좋았던 것 같아요. 그러다 보니 매일 일기 쓰는 시간이 즐거운 기억으로 남아 있어요.

초등학교 3학년 담임 선생님은 일기장에 언제나 코멘트를 남겨줬어요. 가족여행을 다녀와 쓴 일기에는 '와! 재미있었겠다^^' 처럼요. 문장 하나하나가 선생님과 나누는 비밀 쪽지 같아 설레는 마음으로 매일 일기장을 펼쳤어요. 그 덕에 매일 일기를 쓸 수 있었습니다.

6학년 때 만난 담임 선생님도 마찬가지였고요. 가끔은 선생님의 코멘트에 답글을 남기기도 하고, 어떤 날에는 일기 대신 선생님께 보내는 편지를 적기도 했습니다. 중학생 때는 블로그에 일상적인 글을 올리며 온라인 친구를 사귀었고, 고등학생 때는 일기 대신 사진을 찍어 학교 1층에서 작은 사진 전시회를 열었습니다. 제 일기에는 굉장히 개인적인 것들이 담겨 있지만, 아이러니하게도 타인과의 소통 창구 역할을 했던 것 같아요.

제가 누군가의 도움을 받아 기록을 시작했던 것처럼 이 책이 누군가에게 도움이 될 수 있다면 좋겠네요. 줄글로 된 일기만 기록은 아니니 글이든 그림이든, 또 때로는 사진이든 나에게 가장 편한 방식으로 나를 되짚어보세요. 그래야 지치지 않고 지속할 수 있으니까요!

?!

무슨 내용이든 괜찮아

하루
한 페이지 넘기기

한창 그림을 그릴 때였어요. 꿈은 화가였고 매일 몇 시간씩 가만히 앉아 그림만 그리던 고등학생 시절, 한 선생님을 만났습니다. 당시 저는 11학년이었고, 제가 다니던 학교는 원하는 수업을 선택해 듣는 시스템이었기 때문에 대부분의 친구들은 A level 시험(영국 대학 입시 시험)이나 대학 입시를 준비하면서 예체능 과목을 많이 신청하지 않았죠. 미술 수업을 고른 사람은 저와 제 친구 딱 둘 뿐이라 널찍한 교실에 선생님과 셋이 앉아 수업했습니다.

선생님은 그림을 그리는 방법이나 이론에 대해 가르치기보다는 직접 여러 재료를 손으로 느끼고 경험해볼 수 있도록 해주셨어요. 무엇보다 과제나 이론 시험으로 학생을 평가하지 않았는데, 딱 한 가지 중요하게 강조했던 것이 바로 '매일 연습장 한 장 넘기기'였습니다. 그릴 게 없다면 글씨를 쓰거나 머리카락 한 가닥을 붙여도 좋으니 매일 한 장을 꼭 넘기라고요.

미술 수업인데 연습장에 그림이 없어도 되나 싶었지만, 정말 그릴 게 없던 날에는 다 마신 티백 포장지를 붙인 적도 있어요. 주제가 정해져 있지 않았기 때문에 무얼 그릴지 스스로 찾아야 해서 낙서를 하거나 선 그리기 연습을 한 날도 많아요. 혼자 재미있는 시리즈를 개발한 적도 있었어요. 그렇게 매일 넘긴 연습장은 일주일마다 제출해야 했어요.

2년 동안 제 그림 실력이 일취월장하지는 않았지만, 저는 한 장을 넘기는 행위가 무엇인지 알게 되었습니다. '이건 매일 그림장을 넘기는 힘을 갖기 위한 연습 과정이구나', '매일 무언가를 반복한다는 건 어려운 일이구나' 싶었죠. 그 시간 동안 저는 매일 그림장을 펴고, 그 앞에 앉아 무엇을 그릴지 고민하는 사람이 되었던 것이지요. 선생님의 숙제는 매일 그림을 그리다 언젠가 탄생할 멋진 작품을 기다리는 게 아니라, 하루도 드로잉을 게을리 하지 않는 사람으로 키우기 위함이 아니었을까요?

그 후로 하고 싶은 것이 생기면 매일 사소하게 해낼 수 있는 저만의 규칙을 만들었어요. 일기장을 매일 한 장씩 넘기는 것도 그중 하나였답니다. 하루에 한 장 채우기가 별거 아닌 것 같아도 쉽지 않은 일이거든요. 피곤해서 미루고, 까먹고 잠들고, 마땅한 시간을 놓쳐 흐지부지되기 쉬운 것이 바로 기록이잖아요.

다들 그런 경험이 최소 한 번씩은 있을 거예요. 새해에 야심 차게 다이어리를 샀다가 한 달을 넘기지 못하고 끝낸 기억이요. 올해야말로 열심히 써보려고 했는데 결국 작심삼일에 그치고 만 경험이요. 피곤하고 지치면 가장 먼저 멈추게 되는 게 기록인데, 일기는 하루 밀리면 이틀을, 이틀 밀리면 일주일을 미루기 쉬워지죠. 그렇게 밀리다 보면 다시는 펼쳐보지 않는, 방구석의 먼지 쌓인 다이어리가 되는 거고요.

그러니 쓰는 힘이 있어야 일기를 쓸 수 있습니다. 어느 순간 일기가 잘 써진다면 그건 기록이 하루의 일과로 자리 잡았단 뜻이고, 동시에 나에게 쓰는 힘이 생긴 것이라고 할 수 있어요. 무엇이든 적어보고, 사소한 것을 기록하는 건 쓰는 힘을 기르기에 좋은 연습이 됩니다.

예전에는 특정 브랜드의 다이어리를 사용하는 것, 시간을 정해두고 그 시간에 일기를 쓰는 것이 기록의 규칙이라고 생각했어요. 그러나 이 규칙들은 제 기록을 지속해주기는커녕, 오히려 강박을 심어주었어요. 정해진 시간이 지나버려 쓸까 말까 망설이다 마음만 불편해지는 날, 다이어리를 까먹고 두고 오면 메모 한 줄 쓰지 않는 날, 계획에 없던 외박으로 일기를 빼먹어 기록이 밀리기 시작한 날, 이런 날들이 반복되면 기록과 점점 멀어지게 됩니다. 내가 좋아하고 하고 싶은 일이 멀어진다는 건 정말 슬픈 일이에요.

그래서 저는 규칙을 바꿨습니다. 일기장을 '하루에 한 장 넘기기'로요. 쓰고 싶은 말이 없는 날에는 좋아하는 노래 가사를 적거나 하루의 시간표만 그리기도 했어요. 누구에게나 일기를 정말 쓰기 싫은 날이 있잖아요. 아무리 기록을 좋아하는 저도 그런 날이 있다는 것을 인정해야 했어요. 아무것도 하기 싫고 쓸 내용도 없는 날, 일기장을 쳐다보기도 싫은 날. 그런 날에는 꼭 일기를 쓰지 않아도 됩니다. 하루 이틀 정도 쉬어도 괜찮아요.

　대신 일기가 아닌 것을 써보세요. 제가 했던 것처럼 노래 가사나 날씨 같은 아주 사소한 것을 끄적여보는 거예요. '잘 쓴 일기'에 얽매이지 말고, 반드시 내 일상을 낱낱이 적어야 한다고 생각하지도 마세요. 기록은 나를 편안하고 즐겁게 하는 것이지, 일이 아니니까요. '편안하고, 즐겁고, 일상적으로', 이 삼박자가 맞아야 지속 가능한 기록을 할 수 있답니다.

　저의 경우, 심지어 날짜를 적지 않은 일기도 있어요. 날짜가 없는 일기는 앞 뒷장에 쓰인 날짜를 보고 언제 쓴 내용인지 짐작해야

하지요. 이날은 장화를 신고 외출한 걸 보니 비가 많이 왔나 봐요. '이게 일기라고? 장화 그림이?' 하는 생각이 들겠지만, 일기 맞아요. 기

록하기 싫은 날에는 머릿속에서 흘러가는 그날의 생각을 하나 잡아채 그려 넣고는 했어요. 저는 낙서를 좋아하니 곧잘 낙서로 때우고는 하는데, 낙서에 익숙하지 않다면 어렵게 느껴질 수도 있을 거예요. 비가 왔다는 것 말고는 아무것도 알 수 없는 일기지만, 그래도 한 장을 넘겼습니다.

수영장에 가면 '수영 고수들의 수영복이 화려하다'는 말이 있지요? 처음 수영장에 갔을 땐 쭈뼛이 몸을 가리고 들어가다가 연차가 쌓일수록 점점 화려한 패턴의 수영복을 입게 된다고요. 일기도 하루 한 장씩 쓰다 보면 내가 무엇을 쓰고 싶은지, 어떤 기록을 남기고 싶은지 알 수 있게 됩니다. 처음에는 펜을 쥐었다 놓았다, 지웠다 다시 썼다 하더라도 점점 자유롭게 기록할 수 있게 돼요.

처음 기록을 시작한다면 매일 한 장 넘기는 연습을 해 보세요. 많은 내용이 들어 있지 않아도 괜찮아요. 내 흔적을 남기는 것에 익숙해지면 점점 더 나다운 기록을 할 수 있을 거예요.

?!

완벽하지
않아도 돼

있는 그대로
두기

트위터에 처음 계정을 만들었을 때, 가장 많이 받은 메시지는 "다이어리를 예쁘게 쓰지 못해 그만두었는데, 빵이님의 다이어리를 보니 저도 다시 써볼 용기가 생겼어요"였어요. 삐뚤빼뚤 오르락내리락하는 제 글씨도 나름 괜찮아 보였던 걸까요?

야심 차게 시작한 마음과 달리 기록하는 것에 익숙하지 않아 기록을 멈추는 사람이 있는가 하면, 내 글씨가 보기 싫어 일기 쓰기를 멈추는 사람들도 있어요. 글씨가 마음에 들지 않아서, 펜으로 썼는데 오탈자가 나서, 예쁘게 꾸미지 못해서, 실수한 페이지를 뜯어내고 나니 더 이상 쓰기 싫어서 등등. 몇 번씩 고쳐 써서 수정 테이프 자국이 남은 다이어리에는 금세 싫증이 나기 쉽거든요.

기록에 있어 완벽주의 성향을 가진 사람들이 적지 않은 것 같아요. 저 역시 예전에는 앞부분만 쓰고 남은 노트가 한가득했어요. 열두 달짜리 다이어리를 사서 한 달만 쓰고 마음에 들지 않아 끝내버린 적이 아주 많았죠.

저는 틀 없이 자유롭게 기록하는 걸 좋아하면서도 기록 습관을 기르기 위해 꼭 지키는 규칙이 있어요(생각해 보니 규칙이 많네요). 바로 '찢지 않기'입니다. 일기를 쓰다 마는 이유 중 가장 흔한 이유가 '내 맘처럼 예쁘게 안 써져서'예요. 마음에 쏙 들었던 다이어리도 내 글씨를 넣으면 별로인 것처럼 보이는 심술궂은 마법. 자세히 들여다보지 않으면 티 나지 않는 작은 실수도 남겨두기 싫어서 페이지를 찢어 버리지만, 한 장을 잃어버린 다이어리는 티가 나더라고요.

분명 조심조심 뜯어냈는데, 뜯어진 부분이 너무도 선명하게 보였어요. 그러면 오히려 기록하고 싶은 마음이 점점 더 사그라들어요. 이를 몇 차례 반복하면 너덜거리는 다이어리와 이별하게 됩니다. 더 이상 열어보지 않는, 책장 어딘가에서 입을 꾹 다물고 있는 의미 없는 노트가 되어버리지요.

　마음에 들지 않는 페이지를 찢지 않는 건 내 손끝에서 나온 것들을 사랑하겠다는 다짐과 같아요. 조금 거창한 가요? 아름답든, 아름답지 않든 모두 나의 기록이라는 걸 인정하고 받아들이자는 의미랍니다.

　삐뚤빼뚤한 글자를 가지고 있다면 다이어리를 직접 그려서 쓰는 게 가장 효과적입니다. 반듯한 선들과 깔끔한 폰트 사이에서는 내 글씨가 더 눈에 띄게 삐뚤거리는데, 손으로 과감하게 그은 선들 사이에서는 삐뚤빼뚤한 글씨도 괜찮아 보여요. 판매하는 다이어리보다는 덜 깔끔하지만 내 손으로 만들었으니 내 글씨체와도 잘 어울리고요.

　저는 한 달 사이에도 글씨체가 몇 번이나 바뀌는데, 오빠는 어릴 적부터 지금까지 변함없이 똑같은 모양으로 글씨를 써요. 거의 지문 수준으로 동일하더라고요. 어떻게 그럴 수 있나 신기했는데, 반대로 매일 변하는 제 글씨체를 신기해하는 사람들도 있더라고요.

　글씨가 마음에 들지 않을 땐 귀여운 이모티콘을 그려

✎ 차분히 앉아서 일기를 쓸 때는 가지런히 써지는데 빠르게 흘려 쓸 때는 가끔 저도 알아볼 수 없는 꼬부랑 글씨체가 된답니다.

보고, 단정한 선 위에 삐뚤거리는 제 글씨가 싫어서 무지 노트를 찾아 선이 삐뚤빼뚤한 다이어리를 만들었어요. 오탈자가 눈에 띌 때도 많았지만, 몸에 상처가 나면 흉터가 남는 것처럼 다이어리에 남은 자국도 흉터라고 생각하기로 마음먹었어요.

어느 날은 예쁘게 글씨를 쓰려고 노력한 것도 아닌데 가지런한 글씨가 마음에 들어 괜히 더 길게 적은 날도 있어요. 매일 기록하며 글씨를 많이 썼더니 펜을 좀 더 자유롭게 다룰 수 있게 된 걸까요? 이것이 바로 운필력?!

계속 쓰다 보면 기록도 달라 보입니다. 기록을 바라보는 시선이 바뀌는 걸까요? 더 이상 '예쁜 기록'이 아니어도 괜찮고, 완벽하지 않은 글씨나 삐뚤빼뚤한 선이 꽤나 마음에 들기도 합니다. 마음을 주고 소중히 다루다 보면 다르게 보인답니다. '이것도 괜찮은데? 멋진데? 뭔가 달라 보이는데?' 하는 생각이 들지도 몰라요. 그러니 마음에 안 드는 부분이 생겨도 다이어리를 뜯지 말아보세요. 지금 당장은 신경 쓰이겠지만, 며칠 지나고 나면 거슬리지 않는 경험을 하게 될 거예요.

　기록이 지속되지 않는다면 그 원인이 무엇인지 파악하는 것도 중요해요. 내 스타일이 마음에 들지 않아서인지, 일기 쓰는 게 어색해서인지, 아니면 재미가 없어서인지. 이유를 알아야 그 부분을 보완하며 앞으로 계속 기록을 이어갈 수 있습니다.

최고의 수정 테이프를 찾아라

　꼭 지우고 싶은 부분은 페이지를 통째로 찢어 버리지 말고, 수정 테이프를 사용해보세요. '찢지 않기'로 규칙을 정한 뒤에는 더 이상 페이지를 뜯어내지 않게 되었지만, 할 수 있는 한 가장 깔끔하게 쓰고 싶은 욕심은 있어서 수정 테이프를 다양하게 사용해봤어요. 다 똑같은 수정 테이프 같아도 미묘하게 다르더라고요.

가장 손이 가는 건 톰보우의 '모노 에어 5'입니다. 전에는 '수정 테이프가 다 거기서 거기'라고 생각했는데, 이 제품을 쓰고 생각이 바뀌었어요. 발림성이 무척 좋아 지금 지워지고 있는 건가 싶을 만큼 부드럽게 발려요. 마무리도 깔끔해 수정 테이프 위에 잉크 펜으로 글씨를 써도 말끔하게 보인답니다. 몸통 길이가 길어 외출할 때는 필통을 챙겨야 하지만, 사용할 때는 어떤 단점도 찾을 수 없을 만큼 편하게 쓸 수 있어요.

모닝글로리의 나비 수정 테이프는 휴대하기 좋아요.

✎ 톰보우의 '모노 에어 5'

🖊 모닝글로리의 '나비'

특히 여행 갈 때 짐을 최소화하다 보면 자잘한 문구류는 챙기지 못할 때가 있는데, 이건 어디에든 살짝 끼워 넣을 수 있을 만큼 작아요. 작지만 테이프 길이가 6미터나 되어서 오래 쓸 수 있답니다.

바르네 수정 테이프는 다이소에서 저렴한 가격으로

🖊 다이소의 '바르네'

쉽게 구할 수 있어요. 이 테이프는 기능이나 발림성보다는 아주 가볍고 그립감이 좋아 선호하는 제품이에요. 몸체의 곡선 덕에 손에 편안하게 잡히는 데다가, 정말 가볍거든요.

　여러분도 평소 선호하는 스타일에 맞춰 골라보세요. 수많은 수정 테이프 중에 분명 나의 짝이 있을 거예요.

?!

> 꿀잼은
> 필수

무조건
재미있게 쓰기

저는 취향이 자주 바뀌는 사람이에요. 어떤 부분에서는 굉장히 일관적이긴 하지만, 하던 일에 금방 싫증이 나고 새로운 것에 쉽게 마음을 빼앗깁니다. 무언가를 진득하게 오래 하는 타입은 아니에요. 같은 작업을 반복하는 것도, 같은 루틴을 실행하는 것도 꽤 지루해하는 편이고요(제가 이런 사람이라서 매일 다른 방식으로 기록하고, 루틴 트래커의 항목을 일주일마다 바꾸는 것 같기도 해요).

일을 대할 때에도 이런 면이 있어 골치 아픈 날들이 있어요. 그래서 제가 찾은 방법은, 마음먹은 일을 지속하려면 가장 우선적으로 내가 재미있다고 느껴야 한다는 거죠. 잠깐 '하하' 웃고 마는 즐거움이 아니라 '진짜 재미있는 일'을 하려면 '내 것'을 해야 합니다. 내 것이 아니라면 점점 재미를 잃어가게 되거든요. 시간이 지나면 자꾸만 하고 싶은 일이 아니라 꾸역꾸역 처리해야 하는 짐처럼 느껴질 수 있어요.

기록하면서 가장 어려운 점도 '내 것으로 만들기'입니다. 완벽히 새로운 나만의 방식을 창조해야 한다는 게 아니라, 여러 가지 틀을 시도해보고 경험하며 나에게 가장 편안한 방식을 찾아가는 과정을 말해요.

사실 우리는 무엇이 내 것인지, 어떻게 내 것으로 만들어야 하는지도 잘 모릅니다. 하지만 기록에 재미를 붙이고 나면 점차 나만의 것을 창조해내는 것도 가능해질 거예요. 신나서 가슴이 뛰는 재미보다도, 가장 나다운 것을 하면서 느끼는 즐거움 속에서요.

재미있게 기록하기 위한 방법으로 추천하는 건 '함께 기록하기'예요. 어릴 적 부모님과 이야기를 만들듯 일기를 쓰고, 담임 선생님의 코멘트를 받기 위해 매일 일기를 썼던 것처럼 함께 기록하면 재미가 배가 됩니다.

무턱대고 타인에게 기록을 나누자고 하기는 어려우

니 기록 모임을 활용하면 좋아요. 누군가와 기록을 공유해본 적이 없다면 무척 어색하고 낯설 거예요. 어디까지 공개해야 할지 몰라서 기록을 망설이는 날도 있을 거고요. 하지만 다른 사람의 기록을 보면, 새로운 기록 방식을 접하고, 타인을 더 깊숙이 들여다보는 경험을 할 수 있습니다. 누군가 내 기록을 읽고 건네는 피드백도 쉽게 얻을 수 없는 소중한 메시지가 되고요.

혼자만의 일이 아니고 타인과 엮여 있는 일이라 좀 더 꾸준히 기록을 지속할 수 있어요. 무엇보다 기록으로 서로 연대하고 응원하는 존재가 생긴다는 건 무척 즐거운 일이랍니다.

저는 지난 2년 동안 기록 모임 '마이저널스'를 운영하면서 매달 적게는 150명, 많게는 400명 가까이 되는 신청자를 받았습니다. 지원서를 읽으면서 사람들이 얼마나 함께 기록할 친구를 필요로 하는지 알 수 있었어요. 오랫동안 기록해왔지만 기록이 큰 의미를 주지 못했다는 분, 기록을 나누며 다른 기록인들을 알아가고 싶다는 분, 모임에 참여하면 억지로라도 기록 습관을 가질 것 같다던 분 등등. 기록에 대해 고민하고 궁금해하고 관심을

6개월 전

백업....너무 공감되어요......무조건 여러군데에!!!! 저도 한군데만 저장하다가 홀라당 날려먹은 적이 있답니다ㅠㅠㅠㅠㅠ슬퍼요 추억이 막 사라지는 기분!!!!!
빵이님도 얼른 다시 루틴 회복하셨으면 좋겠어요 아프지마세요!!!! 저같은 팬들이 응원하고 있어요오!!!!
꺄아 그리고 스티커도 너무 귀여워서 너무 기대되어요😂😂

💬   ❤️ 1

...

6개월 전

루틴이 깨졌을 때 시간이 많이 걸린다는 거 너무 공감돼요 일찍 일어나는 거나 계획을 세우고 그대로 하는 것... 그리고 운동하기 이런 것들은 습관이 되기까지 오랜 시간이 걸리고 많은 노력이 필요한데 의지가 조금이라도 사라진다면 하루만에 망가지기도 하고 며칠만에 아예 없던 습관이 되어버리기도 하더라고요 이런 일들이 쌓이다 보니까 생각한 건 가장 중요한 건 대단한 계획보다는 꾸준히 실천하는 것 같아요! 말은 쉽지만 제일 어려운 일이 거든요 그래서 계획한 일을 잘 해내시는 빵이님이 너무 멋있는 것 같아요!

오픈채팅 처음 들어갔을 땐 어색하고 무슨 말을 해야할지 고민이었는데 주말에 일상 얘기도 듣고 하고 글이 아닌 채팅으로 바로 소통하다 보니 모두에 대해 더 잘 알게 된 기분이에요! 건강 꼭 잘 챙기시면서 여름 보내셨으면 좋겠습니다 😊

💬   ❤️ 1

...

✎ 평생 모르고 지냈을 사람들과 '기록'이라는 주제로 '공감'할 수 있다는 게 모임의 가장 큰 장점입니다.

가진 사람들이 매우 많다는 걸 알 수 있었지요.

사실 이런 사람들을 평상시 일상에서는 만나기 쉽지 않잖아요. '일기를 쓴다'는 사실 외에는 접점이 없으니까요. 살아온 환경이나 성향, 직업과 나이, 생활 습관 등 모든 게 달라 평생 마주칠 일 없을 것 같던 사람과도 '기록'이라는 것 하나로 즐겁게 웃고 떠들고 어깨를 기댈 수 있게 된답니다.

혹 I(내향형)라서 모임에 들어가는 걸 어려워하거나, 혼자 기록하는 걸 선호한다면 '매일 다른 기록'을 추천해요. '매일 다른 기록'은 말 그대로 매일 조금씩 다른 템플릿으로 기록하는 방법이에요. 이건 제가 무척 좋아하는 방식이라 '매일 다른 기록'을 할 수 있는 다이어리도 만든 적이 있어요. '뉴홈노트'라고 이름을 붙이고 부제로 'New home of my days'라 달았는데, '내가 살아온 날들

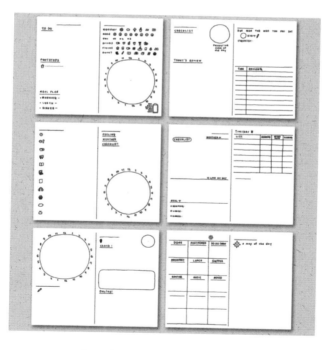

✎ 뉴홈노트 : New home of my days

이 머무는 새로운 집'이라는 의미예요. 한 달 동안 다른 템플릿에 일기를 쓸 수 있는 다이어리죠.

　매번 같은 내지에 일기를 쓰는 건 때론 지루한 일이기도 해요. 매일 다른 형태로 일기를 쓰기 위해서는 레이아웃이나 구성, 내용을 모두 고민해야 하니 품이 조금 더 들긴 하지만, 이런 작은 변화가 기록을 훨씬 재미있게 만들어줄 거예요.

　꾸미는 것에는 소질이 없고 단조로운 기록을 좋아한다면 하루, 이틀 정도만 이렇게 시도해보세요. 구성을 바꾸기가 어렵다면 펜의 색이나 아이콘만 바꾸어도 괜찮습니다. 평소 마시던 핫초코에 마시멜로를 얹고, 오늘은 평소와 달리 라면에 계란을 넣어보는 것처럼 말이죠. 조금의 첨가물로 새로운 감칠맛을 느낄 수 있습니다.

?!

나만의
기록법 찾기

> 워든 잘
> 소화하는 게
> 중요해

'기록하고 싶은데 재미가 없어요. 귀찮게 느껴져요. 그냥 할 마음이 생기지 않아요.'

만약 이렇게 느끼고 있다면 나에게 기록이 어떤 의미가 있는지를 먼저 생각해봐야 합니다. 기록이 나에게 어떤 의미인지는 알지만, 어떻게 풀어내야 할지 찾는 중이라면 앞서 나왔던 다양한 기록법을 시도해보세요. 어쩌면 나를 기록한 게 아니라 단순한 정보를 나열했던 것일지도 몰라요. '밥을 먹었고, 학교에 갔고, 몹시 피곤했다.' 이런 있는 그대로의 사실을 적은 것과 같아요. 그럼 어떻게 기록해야 할까요?

어린 시절, 그림을 그리기 위해 하얀 도화지 앞에 앉으면 막막한 기분이 들었어요. 내가 무엇을 표현하고 싶은지 잘 몰랐고, 깨끗한 하얀 도화지를 망칠까 봐 겁이 났지요. 그때 엄마가 색종이를 주면서, 색종이를 찢어서 종이 위에 올려보라고 했습니다. 잘게 찢은 색종이를 붙여 나비를 만들고 눈사람을 만들었어요. 그다음에는 텔레비전에 나오는 어린이 방송을 보고 종이접기를 따라 했고요. 그렇게 다 접은 종이를 도화지에 붙여 완성했습니다.

엄마가 제게 알려준 건 도화지라는 재료와 친해지는 방법이었어요. 그리고 그걸로 내가 만들고 싶은 것은 무엇인지 알아가는 과정이기도 했고요. 나비와 눈사람으로 시작한 그림이 나중에는 토끼가 되고 공주가 되었답니다.

저는 이 과정을 '소화하기'라고 표현해요. 무언가와 가까워지고 그것을 통해 내 안에 있는 것을 꼭꼭 씹어 소화하는 과정이요. 보기 좋은 불릿저널을 따라 하거나 유명한 기록법을 사용하는 게 기록을 내 것으로 만들어주지 않을 수 있어요. 나만의 기록법을 찾으면, 아무리 간단하고 사소한 방식이라도 잘 소화할 수 있게 도와줄 거예요.

제대로 소화해야 꾸준히 기록할 수 있는데, 여기에는 시간이 제법 필요해요. 기록을 소화하기 위해서는 우선 쓰는 행위에 익숙해져야 합니다. 그다음은 여러 겹에 둘러싸여 있는 나의 알맹이를 마주해야 해요. 오늘 피곤했다면 왜 피곤했는지, 행복했다면 어떤 것이 나를 행복하게 했는지, 오늘의 만족도는 몇 점일까? 해내고 싶은 소소한 목표가 있을까? 이렇게 질문하면서 기록합니다.

나만의 기록법을 찾기 위해서는 무엇보다 많이 써봐야 해요. 다른 것들과 똑같아요. 내 스타일을 찾으려면 다양한 옷을 입어봐야 하고, 공부를 잘하려면 공부에 시간을 투자해야 하는 것처럼 나에게 꼭 맞는 기록법을 찾기 위해서는 직접 기록을 해봐야 합니다. 고작 하루 이틀 적어본 걸로 역시 나는 기록과 맞지 않는다고 포기하면 아마 평생 나만의 기록법은 찾을 수 없을 거예요.

내 기록을 할 수 있게 되면 내 삶의 포커스도 맞출 수 있어요. 내가 좋아했던 것이 정말 좋았는지, 아니면 좋아

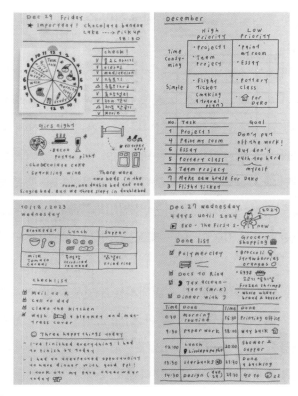

✏️ 획일화된 다이어리 틀을 따라가기보다는 그 안에서 새로운 기록을 시도해보세요. 쓰는 재미뿐 아니라 나만의 기록법을 찾을 수 있을 거예요.

한다고 생각했던 건지 알게 됩니다. 살면서 거대한 사건보다 사소한 사건을 훨씬 더 자주 마주친다는 것을 깨달

게 되고, 일상의 사소한 것들을 좀 더 들여다볼 수 있게 돼요. 쉽게 잊고 말았던 것들을 소중히 다루게 되지요. 그렇게 내가 가지고 있는 기대와 실제 삶의 균형을 맞추어가는 데에 기록이 도움이 됩니다.

또한, 타임테이블과 체크리스트를 확인하면서 하루의 완성도를 높일 수도 있어요. 식사 기록을 통해 스스로를 대하는 태도가 바뀌기도 합니다. 나를 위해 장을 보고, 요리하고, 재료가 썩지 않게 관리하는 과정은 결국 나 자신을 살뜰히 챙기는 거니까요.

이렇게 나를, 그리고 내 하루를 이루는 수많은 요소를 보기 좋게 남기고 정리하는 것. 나만의 특징, 장점, 습관처럼 내가 가진 것들을 최대한 활용해서 어제보다 즐거운 오늘, 오늘보다 행복한 내일을 살아보는 거예요. 기록이 도와줄 거예요.

?!

 일기장
보관법

꾸준히 기록하다 보면 노트가 어마어마하게 쌓이게 됩니다. 일 년에 한 권을 쓰면 10년이 지난 후엔 열 권이 쌓여 있겠죠? 저처럼 두세 달에 한 권을 쓰는 사람은 일 년만 지나도 다이어리가 쌓이게 됩니다. 게다가 저는 다이어리 외에도 들고 다니는 메모장이나 아이디어 스케치 노트처럼 다양한 노트를 사용하고 있어서 일 년이면 대여섯 권은 기본이에요.

일기장은 대체로 두툼해서 물리적으로 부피를 많이 차지하는데, 그렇다고 내 소중한 기록들을 버릴 수는 없고, 어디에 보관해야 할지 고민이 됩니다. SNS를 통해서도 일기장 보관 방법에 대해 여러 번 질문을 받았는데,

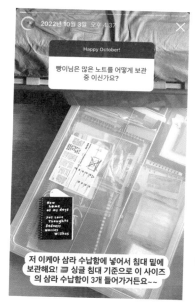

2022년 10월 3일 오후 4:37

Happy October!

빵이님은 많은 노트를 어떻게 보관
중 이신가요?

저 이케아 삼라 수납함에 넣어서 침대 밑에
보관해요! 🛏 싱글 침대 기준으로 이 사이즈
의 삼라 수납함이 3개 들어가거든요~~

✏ 저는 다 쓴 일기장은 이케
아 삼라 수납함에 넣어 침
대 밑에 보관합니다.

저는 이케아에서 판매하는 삼라Samla 수납함에 보관하
고 있어요. 삼라 수납함은 종류가 아주 많은데, 사이즈가
굉장히 큰 것도 있고 깊이가 아주 깊은 것도 있어서 원하
는 타입을 고르기 좋아요.

저는 그중에서도 넓고 납작한 타입으로 구매해서 침
대 밑에 넣어두었어요. 제가 쓰는 싱글 사이즈 침대 밑에
는 수납함 세 개가 들어가거든요. 침대 밑에 숨겨져 있지

만, 오랜 시간의 추억이 차곡차곡 쌓여 있는 게 물리적으로 만질 수 있는 클라우드 서비스 같기도 합니다.

매번 수납함을 열어 다이어리를 꺼냈다 넣었다 하지는 않지만, 언제든 쉽게 꺼내 볼 수 있는 것도 장점이에요. 저는 한 해 동안 쓴 다이어리들은 책상 서랍에 보관하다가, 연말이 되면 수납함으로 옮겨요. 수납함으로 옮기기 전에는 연말 다이어리 정산을 하고요.

제가 보관 중인 다이어리 중에 가장 오래된 건 여섯 살 때 썼던 그림 일기장이라고 했던 거 기억하나요? 글자보다 그림이 많고, 대부분이 '맛있는 밥을 먹었다', '목욕을 했다' 같은 내용인데 그런 일기가 몇 권이나 있더라고요. 아주 단순한 내용으로 가득한 일기장이지만 그때 그 시절, 나의 추억들이 담겨 있어 차마 버릴 수가 없더라고요. 잘 모아두었다가 마음이 지친 날에 꺼내 보면 위로가 되기도 하고요.

이런 다이어리들을 연도순으로 차곡차곡 쌓으면 수납함 두 개는 거뜬히 채웁니다. 저처럼 기록을 많이 하지 않았다면, 수납함 하나로도 충분할 거예요.

?!

**강박은
금물**　일기가
밀렸다면

　일기는 한 번 밀리면 두 번 밀리게 되고, 일주일 이상 밀리면 더 이상 손대지 않게 돼요(제 경험담으로는요). 피곤해서 빼먹었든, 까먹어서 넘어갔든 일기가 밀릴 경우에 저는 밀린 날들의 일기는 쓰지 않아요. '어제 못 쓴 일기를 써야겠다'라고 생각하면 일처럼 느껴지거든요. 쓰는 것에 숙련되지 않았다면 밀린 하루치 일기를 쓰고 나서 오늘의 일기를 쓰는 것이 버거울 수도 있고요. 그렇게 되면 오늘의 일기는 또 밀리게 되잖아요? 밀리고, 밀리고, 그러다 얼마 이상 밀린 일기는 머릿속에서 사라지게 됩니다.

　그래서 밀린 날의 일기는 가볍게 패스하고, 오늘의 일

기를 써요. 패스라고 표현했지만, 기록하지 못한 날은 '포기한다'가 아니라, '잠시 여백을 준다'라고 생각해요. 하지만 혹 조금이라도 힘이 있다면 아무거나 한 줄 끄적여보는 게 좋아요.

저는 뭐라도 쓰기 위해 책의 구절을 줄줄 적은 날도 있답니다. 할 수 있다면 영수증이라도 붙이고 넘기는데, 그건 무언가를 남기기 위해서가 아니라 끊기지 않게 하기 위함이에요. 그것조차 힘든 날에는 그냥 넘기는 날도 있어요. 모든 것을 매일 남겨야 한다는 강박에는 부작용이 크거든요. 꾸준히 기록하는 게 어려운 사람에게 뭔가를 남겨야 한다는 강박이 생기는 건 정말이지 괴로운 일입니다.

일기를 빼먹게 될 때 저만의 꿀팁은, 일기장을 펴보는 거예요. 침대 근처나 머리맡에 일기장을 두었다가, 쓰지 않더라도 한번 펼쳐보기! 어제의 기록을 읽다 보면 쓰고 싶은 마음이 생기기도 하고, 무엇보다 기록은 읽는 것만으로도 힘이 되기 때문이에요.

아주 오랜 시간 기록하고 난 후에야, 기록을 지속하려

면 기록하는 행위에 익숙해져야 하고, 일상의 사소한 것을 살필 수 있어야 한다는 것을 깨닫게 됩니다. 별거 아니어도 좋으니 한번 끄적여볼래요? 일기를 밀리지 않는 방법으로는 '무조건 하루 한 장 넘기기'가 큰 도움이 되니까요!

?!

준비물을
챙겨보아요

노트랑 펜은
'이것' 추천

　여섯 살 무렵 썼던 그림 일기장부터 귀여운 캐릭터가 인쇄되어 있는 일기장, 자물쇠가 달린 비밀 일기장, 반짝거리는 재질의 육공 다이어리까지. 호더hoarder는 아니었지만 저는 언제나 새 노트들을 잔뜩 가지고 있었어요. 한 권을 끝까지 다 쓰지 못하고 새로운 노트를 펼치는 습관 탓에 노트를 모으는 것처럼 보이기도 했지요.

　이제 와 생각해보면 노트는 도전을 위한 저의 준비물이었던 것 같아요. 저에게 가장 잘 맞는 기록 방법을 찾으려면 다양한 시도를 해볼 필요가 있으니까요. 그 결과, 이제는 노트의 마지막 한 페이지까지 남김없이 빼곡하게 쓰는 사람이 되었습니다.

제가 스무 살 이후로 가장 많이 쓴 노트는 '몰스킨'이에요. 부드러운 소프트커버가 달린 포켓 사이즈의 노트를 들고 다니며 일기장이자 메모장으로 사용해요. 몰스킨은 내지 종류가 '라인, 도트, 모눈, 무지' 네 종류나 있어 선택할 수 있는데, 저는 언제나 무지를 사용합니다. 한 번도 무지 형식이 아닌 몰스킨을 산 적이 없어요. 그림으로 표현하고 싶을 땐 그림을 그리고, 글을 쓰고 싶을 땐 글을 쓰고, 시간표를 만들고 싶을 땐 원하는 모양으로 만들 수 있도록 깨끗하게 비워진 노트가 좋더라고요.

　시중에 파는 다이어리 중에는 계속 쓰고 싶은 게 없었는데, 몰스킨 노트를 사용하며 비어 있는 종이에 내가 원하는 레이아웃을 만드는 것이 얼마나 재미있는지 알게 되었지요. 몰스킨 노트는 내지가 무척 얇아 부드럽고 글씨 쓰기에 편하지만, 앞에 쓴 글자가 뒷장에 비쳐 호불호가 갈리기도 합니다.

　평소 기록량이 많지 않거나 가볍게 써보고 싶다면 '무인양품 노트'를 추천해요. 무인양품 노트는 가격이 저렴하고 질리지 않는 깔끔한 디자인이라, 남녀노소 누구나 호불호 없이 사용하기 좋습니다. 그중 제가 즐겨 사용하는 제품은 '문고본 노트'예요. 얇고 후들후들한 표지라 쓰면 쓸수록 사용감이 드러나는데, 이 점이 유독 마음에 들더라고요. 노트는 쓰면 쓸수록 닳는 맛이 있다는 주의라서요.

여행할 때는 문고본 노트만 달랑 들고 떠나는 편이에요. 웬만한 가방이면 쏙 들어가는 A6사이즈(105×148mm)인 데다 가벼워서 어디든 들고 갈 수 있어요. 작은 가방을 선호하는 저의 취향에 맞게 노트를 살 땐 손바닥만 한 작은 포켓 사이즈를 주로 고르는데, A6용지보다 약간 더 작은 사이즈에, 스마트폰 두께만큼 얇다면 최적입니다. 언제 어디든 휴대하기 좋아서 결코 짐이 되지 않습니다.

이런 포켓 사이즈 노트의 최대 장점은 내용을 채우기 위해 애쓸 필요가 없다는 거예요. 워낙 작은 사이즈라 체크리스트와 타임테이블만 적어도 페이지가 가득 찹니다. 여백이 있으면 괜히 뭘 더 써야 할 것처럼 느껴지기도 하는데, 작은 노트를 쓰면 오히려 페이지가 모자라진 않을까 생각하게 돼요. 레이아웃을 나누느라 고민할 필요도 없죠. 이건 어디까지 쓰고, 저건 어디까지 쓸지 생각할 필요 없이 채워나갈 수 있어요.

저는 기록할 때 항상 잉크 펜을 사용해요. 볼펜의 부드러운 느낌보단 잉크 펜의 촉촉하고 묵직한 느낌이 좋고, 시원시원하게 글씨가 써지는 것도 마음에 들어요. 그래서 '유니볼 시그노'와 무인양품의 '잉크젤 펜'은 오래전부터 꾸준하게 사용하고 있어요. 잉크펜은 쉽게 번져 일기를 망치는 방해 요소가 되기도 하지만, 호호 불어 마를 때까지 잠시만 여유를 가지고 기다리면 천천히 기록하는 습관을 만들어주기도 합니다.

✎ 촉촉하고 묵직한
느낌의 무인양품
잉크젤 펜

샤프나 연필은 그다지 선호하지는 않아요. 펜으로 쓰면 지울 수 없고, 수정 테이프를 사용해 자국이 남는다고 하더라도 펜을 좋아해요. 언젠가부터는 수정한 부분에 자국이 남는 것도 나쁘지 않더라고요. 오탈자가 나서 지우고, 잘못 갔다가 돌아오고. 인생을 살아가는 것과 똑같잖아요. 이제는 글씨를 쓰다 실수하는 것쯤은 별로 거슬리지 않게 되었답니다.

?!

깔끔하게
기록하고 싶어요

하고 싶은 말도 많고 남기고 싶은 것도 많을 때, 아니면 괜히 뭔가를 끄적이고 싶을 때가 있지요. 저는 워낙 말이 많은 편이라 이야기하듯 일기를 쓰면 하루에 몇 장씩 써내려 가는 날도 있습니다. 일기 쓰기에는 맞다 틀리다가 없으니 이런 기록도 상관없죠.

이십 대 초반에는 기록에 집착하던 때라 내 일거수일투족을 다 기록하고 싶었어요. 일어난 시간, 식사 메뉴, 일정, 업무, 생각, 날씨, 루틴, 수면 시간, 음수량까지 전부다요. 무엇을 위해 기록하는 것인지도 모른 채 그냥 쓰고 또 썼던 시절이었지요.

당시의 저처럼 기록에 강박을 갖는 건 좋지 않지만,

내 일상의 다양한 부분을 기록하는 건 좋은 일이에요. 단, 내용이 매번 방대하고 형식이 없다면 '쓴다'라는 행위 자체로만 남아 버릴 수 있어요. 그래서 기록 습관이 쌓였다면 잘 기록하는 방법을 찾는 게 좋습니다.

한 페이지 안에 깔끔하게 효율적으로 기록하고 싶을 땐 '세 칸 레이아웃'을 추천합니다. 세 칸 레이아웃은 페이지 한 장을 세 구역으로 나누어 세 가지 구성으로 하루를 남기는 거예요.

다음과 같이 원하는 세 가지를 정해 적어보세요.

- 체크리스트 / 타임테이블 / 줄글 일기
- 체크리스트 / 오늘의 식사 / 기분
- 오늘의 노래 / 장소 / 구매 목록
- 타임테이블 / 줄글 일기 / 필사

어떤 조합이든 상관없어요. 항목은 그날그날 내가 원하는 것으로 선택하면 돼요. 구역을 나눌 때 곡선과 직선을 모두 사용하면 보기에도 멋지게 쓸 수 있답니다. 예를 들면 동그란 타임테이블과 표로 쓰인 체크리스트, 혹은 네모난 테이블 형식의 루틴 트래커와 아기자기한 아이콘으로 그려진 구매 목록이 만나는 거예요. 훨씬 다채로운 기록을 남길 수 있습니다.

　다음은 제가 평소에 사용하는 세 칸 레이아웃이에요. 두 개는 적고 네 개는 많게 느껴져서 세 구역으로 나누는 편이에요. 구역을 나눌 땐 자를 대고 반듯하게 선을 그리

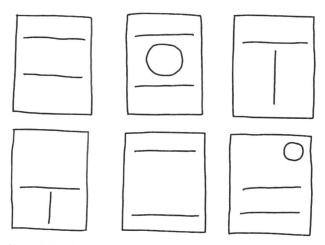

✎ 어떻게 쓸지 레이아웃을 미리 머릿속에 그리면 기록하기에 훨씬 편해요. 저는 주로 세 구역으로 나누되 다양하게 구성하는 편이에요.

는 게 아니라, 머릿속에서 대충 영역을 나눈 상태에서 내용을 채워 넣어요. 미리 선을 그려두면 내용이 길어졌을 때 쓸 자리가 없거든요. 유동적으로 쓰는 양과 위치를 조절할 수 있도록 기록하면서 머릿속으로 구상해두는 게 좋아요.

저는 일기를 쓸 때 다른 부분은 다 바뀌어도 체크리스트는 언제나 변함없이 꼭 넣습니다. 제가 좋아하는 기록 구성요소거든요. 매일 다른 항목을 사용해서 기록하다 보면 나에게 잘 맞는 방식이 어떤 것인지 알게 될 거예요. 무엇보다 매일 다른 형태로 일기를 쓰는 게 재미있답니다!

보상은 즐거워

챌린지 보상은
뭐가 좋을까

먼슬리 챌린지는 가지고 싶은 게 있을 때 좋은 핑곗거리예요. 그다지 쓸모는 없지만 마음에 드는 것, 비슷한 게 있는데 가지고 싶은 것이 생겼을 때 마음 한구석 불편할 필요 없이 구매할 수 있게 해준답니다. 한 달간 매일 도전해 성공하는 건 쉽지 않은 일이니, 성공한 나에게 이 정도의 선물은 괜찮지 않을까요?

보상이라고 해서 반드시 물질인 것은 아니에요. 평소에 가지고 싶은 게 없을 땐 딱히 사고 싶은 게 생각나지 않아서 고민하기도 하는데요, 그럴 땐 '하고 싶었는데 못 했던 것'을 해봐도 좋아요. 바빠서 미뤄왔던 미술관 전시 관람이라던가, 밤늦게 새로 개봉한 영화를 보러 가는 소소한 일탈도 보상이 될 수 있습니다. 오래전 챌린지 보상으로 다이어트 기간에 야식 이용권을 걸었던 기억도 나네요. 그땐 아쉽게 실패했거든요.

앞에서 챌린지 보상으로 가장 기억에 남는 게 아이폰 3gs라고 뽑았는데요, 가장 값비싼 챌린지 보상은 신발이었어요. 메리제인 스타일을 즐겨 신는데, 계절이 바뀌면서 좀 더 얇은 메리제인 플랫슈즈를 갖고 싶거든요. 그런데 메리제인 신발은 이미 있고, 봄에 신을 신발도 있으니 장바구니에만 담아 놓고 한참을 망설였지요.

때마침 정했던 먼슬리 챌린지가 매일 한 시간씩 산책하러 나가는 난도 높은 과제였어요. 바쁜 일상 중에 매일 한 시간이나 나가서 걷는 건 신경을 많이 써야 하는 도전이니까요. 이걸 매일 하게 된다면 수고한 나에게 이 정도 선물은 괜찮겠다 싶었습니다. 결과적으로 저는 메리제인을 저에게 선물했어요. 챌린지에 성공했거든요!

빵이픽pick 기록법

1. 아이콘 일기

가장 손쉽게 쓸 수 있고, 쓰고 나서 만족감이 컸던 기록법은 '아이콘 일기'였어요. 다시 말해, 아이콘을 활용한 불릿 저널이죠. 아이콘 일기의 장점 중 하나는 '사소한 것도 기록할 만한 것이 된다'라는 거예요. 오늘 본 TV 프로그램, 오늘 카페에서 마신 차가 무엇이었는지는 사소하고 중요하지 않은 내용일 수 있지만, 아이콘과 함께 기록하면 그럴듯한 기록이 됩니다. 그동안의 아이콘 일기를 다 모아보

📖 Wuthering heights
 — Emily Brontë

✏️ The last project of 2023
 process ▰▰▰▱

☕ Hot chocolate with
 marshmellow topper

☺ With Jun & Lee

✎ 아이콘과 글자 몇 자만 있어도 훨씬 특별한 기록이 됩니다.

면 제 취향 수집표가 될지도 모르겠어요.

'오늘 TV를 봤고, 책을 읽었고, 노래를 들었다'라고 쓰면 꽤 심심한데, 아이콘으로 그리고 나니 색다른 하루 요약이 돼요. 기록하기에 오래 걸리지도 않고, 그림 실력이 필요한 것도 아니니, 아이콘 일기로 기록해보는 걸 추천합니다!

2. 위클리 하루 세 가지

이제 막 기록을 시작한 초보 기록인들은 '위클리로 작성하는 하루 세 가지3 things every day'를 추천할게요. 오늘 하루를 돌아보며 좋았던 점, 인상 깊었던 점, 특별한 점 혹은 기억에 남는 것을 세 가지만 뽑아서 쓰면 됩니다.

일정이 될 수도 있고 물건이 될 수도 있어요. 만났던 사람, 먹은 음식, 완료한 항목, 관심사나 취미생활까지. 정해진 주제 없이 자유롭게 쓸 수 있어요. 한 번 쓰고 마는 게 아니라 위클리이므로 일주일을 꾸준히 기록할 수 있다는 것도 장점입니다. 하루에 딱 세 가지만 적을 수 있도록 칸을 만들었으니, 내용을 채워야 한다는 부담도 적어요. 특별한

Sun	Mon	Tue	Wed
Journaling!	Top gunz	Walk JB	Resin making
Resin hairpin	Neck-lace making	Project due	Design
Blog	Pineapple	Book cover	Lee
Thu	Fri	Sat	NOTE!
Study	WFH		Done every checklist
Phy Ocha	Coffee day	Holiday!	Caught cold
charlie	Cycling	Facetime	Planning a trip

✎ 특별한 게 아니어도 좋아요. 오늘 한 일 중 세 가지만 뽑아보세요. 기록이 쌓이면 이렇게 멋진 위클리가 된답니다.

것을 적지 않아도 오늘 하루를 요약한 셈입니다.

이 방법은 데일리에도 적용할 수 있어요. 일기를 쓰고 남은 공간에 네모 박스 세 개를 그리기만 하면 돼요. 글로 적어도 괜찮고, 저처럼 아이콘과 함께 적는 것도 좋아요. 낮잠 자기, 자전거 타기, 방 청소하기 같은 사소한 일상이 하루의 포인트가 되면 어느새 특별한 하루처럼 느껴질 거예요. 평범한 일상을 특별하게 만드는 건, 하루를 특별하게 바라보는 것으로 충분하답니다. 아이콘 일기가 어렵다면, 조금 더 쉬운 난도에 재미도 있는 이 방법을 한번 꼭 해보세요.

금주의 하루 세가지

에필로그

어느 날 문득, 너무나 사소한 것이 내 일상을 일으켜
세운다는 생각을 했습니다. 일어나 세수하는 것조차 힘
들던 시기에 저에게 힘을 준 건 다름 아닌 방울토마토 한
팩이었어요. 언제, 누가 샀는지 잘 기억나지 않는 방울토
마토를 꺼내 씻다가 냉장고를 정리하고, 냉장고에서 나
온 락앤락 통을 설거지하다 쓰레기를 버리고, 쓰레기를
버린 김에 바닥을 청소했어요. 먼지 쌓인 바닥을 쓸다 생
각했죠.

'고작 방울토마토로 시작할 수 있는 일들을 왜 그전에
는 못했을까? 무기력하게 늘어져 있던 나를 움직인 게

이 방울토마토라니.'

　쉽게 지나칠 수 있는, 아주 작고 사소한 것이 엉켜있
는 나를 풀어주기도 하더라고요. 사람은 생각보다 더 복
잡한 존재예요. 저는 매일 일기를 쓰고 스스로를 돌아보
지만, 여전히 나를 모르겠는 날들이 있거든요. 왜 이런
감정을 느끼는지, 왜 이런 결정을 내렸는지를요. 별생각
없이 흘려 쓴 메모를 통해 마음에 울림을 받기도 하고,
열심히 기록한 것이 그저 글자일 뿐이란 기분을 느끼기
도 합니다.

　기록을 해보라고 말하지만, 기록한다고 삶이 완전히
달라지지는 않았어요. 매달의 목표가 되는 시간표를 세
워도 여전히 늦잠 자고 싶은 마음을 애써 이기는 아침을
맞이합니다. 몇 년째 루틴 트래킹을 하지만 밤 12시 전
에 취침하자는 먼슬리 챌린지는 성공해본 적이 없어요.
매번 도전할 뿐이죠.

　그러면서 알게 되었어요. 내가 막연히 하고 싶었던 것
들의 이유나, 나를 정말로 즐겁게 하는 것들이 무엇인지
를요. 부족하게 느껴져 고치려고 노력했던 부분들이 나

의 가장 자연스러운 모습이란 것도요. 손때 묻은 노트에 쓰인 기록이 그걸 증명해주었고, 어느 순간 그런 저를 인정할 수 있게 되었어요. 인정하는 건 포기하는 게 아니더라고요. '그래, 난 원래 이런 사람이니까 안돼'라고 포기하는 것이 아니라, '나는 꾸준하지 않은 사람이지만 괜찮아. 그런 것 치고 이만큼이나 했어'라고 인정하는 거예요. 그러면 아주 작은 한 걸음일지라도 앞으로 나아갈 수 있게 됩니다.

우리의 일상은 평범해요. 매일 반복되는 하루, 아침마다 시작되는 변함없는 일과, 이런 단조로운 일상이 나에게 가장 가깝고 익숙한 것이고, 그렇기 때문에 '일상을 특별하게 바꾸기 위해 노력하는 것'보다 '일상을 특별하게 바라보는 것'이 가장 좋은 방법이라는 걸 알게 되었습니다.

물론 변화라는 게 마음먹은 대로 단숨에 이뤄지는 게 아니니 계속해서 기록해야 했어요. 쓰고, 또 쓰고, 쓴 걸 들여다보면서 점점 눈에 들어오는 것들이 달라졌어요. 아주 작고 사소한 것들이 눈에 보이기 시작했죠. 환경은 변하지 않았지만, 주위를 바라보는 시선이 달라졌죠. 그렇게 나와 내 하루를 조금씩 특별하게 바라볼 수 있게 되었습니다.

　초등학교에 들어가면서부터, 어쩌면 유치원생이 되고부터 배우는 일기 쓰기. 부모님이 시켜서, 남들도 다 하니까, 좋다는 이야기를 듣고, 재미있을 것 같아서 등등. 모두 다른 목적으로 기록을 시작하지만, 결국 모두가 같은 지점을 향하게 되는 것 같아요. 중간에 그만두거나 잠시 떠나게 될 때도 있지만, 어찌 되었든 가다 보면 그 길이 나의 가장 깊숙한 곳으로 인도해주더라고요.

　그렇게 열심히 걸어왔는데 사실 아직도 잘 모르겠습니다. 여전히 내 앞에 놓여 있는 낯선 세계를 향해 더 가까이, 더 깊이 전진할 뿐이에요. 저는 아직도 알 수 없는 영역을 탐구하기 위해 오늘도 노트와 펜을 꺼냅니다. 기록을 통해 나를 더욱 사랑할 수 있기를, 그리고 행복한 여정을 이어갈 수 있기를 바랍니다.

Personal information

Name Esel
Nickname Bread
Birthday Dec 7
Email offoffonoff@naver.com
Address Seoul, Korea

Emergency contact
· Instagram @ offoffonoff 2
· Twitter (X) @ offoffonoff